CURSUS

Grammatik- und Übersetzungstrainer 3

mit Lösungen

Zu den Lektionen 33–40

Ausgabe A

Herausgegeben von Michael Hotz und
Prof. Dr. Friedrich Maier

Bearbeitet von Werner Thiel und Andrea Wilhelm

C.C.Buchner Verlag, Bamberg
J. Lindauer Verlag, München
Oldenbourg Schulbuchverlag, München

Cursus, Ausgabe A

Herausgegeben von Michael Hotz und Prof. Dr. Friedrich Maier

Grammatik- und Übersetzungstrainer 3
mit Lösungen
Zu den Lektionen 33–40
Bearbeitet von Werner Thiel und Andrea Wilhelm

Titelbild: bpk-Bildagentur / Scala - courtesy of the Ministero Beni e Att. Culturali

1. Auflage, 1. Druck 2019
Alle Drucke dieser Auflage sind, weil untereinander unverändert, nebeneinander benutzbar.

© 2019 C.C.Buchner Verlag, Bamberg
       Cornelsen Verlag GmbH, Berlin

Redaktion: Melanie Kattanek, Hemmingen
Illustration: Gisela Vogel, Berlin
Umschlagkonzept: Mendell & Oberer, München
Umschlaggestaltung: Erasmi + Stein, München
Satz: Checkplot, Liersch & Röhr, Berlin
Druck und Bindung: creo Druck & Medienservice GmbH, Bamberg

www.ccbuchner.de
www.oldenbourg.de

ISBN 978-3-661-**40122**-5 (C.C.Buchner Verlag)
       978-3-637-02334-5 (Oldenbourg Schulbuchverlag)

Liebe Schülerin, lieber Schüler,

Der *Grammatik- und Übersetzungstrainer* ist dein **Trainingsheft für lateinische Grammatik und für Übersetzung**.
Es unterstützt dich dabei, Unterrichtsstoff, den du z. B. nicht gut verstanden oder versäumt hast, aufzuarbeiten, zu üben und durch Wiederholen zu sichern.

Der *Grammatik- und Übersetzungstrainer 3* hat acht Kapitel, die zu den Lektionen 33 bis 40 des Lateinwerks *Cursus* passen.
Jedes Kapitel umfasst **Informationsseiten (Info)** und **Trainingsseiten (Training)**.

Auf den **Informationsseiten** erfährst du, welche Kompetenzen du in diesem Kapitel trainieren kannst:

- Bei **V** geht es um die Verben,

- bei **N** um die Nomen und

- bei **S** um Satzbau-Themen.

Nach dieser Übersicht folgt der Grammatikstoff der Lektion im Überblick.
Er ist nach den genannten Kompetenzen gegliedert.

Auf den folgenden **Trainingsseiten** findest du viele Übungen zum Grammatikstoff der jeweiligen Lektion.
Auch diese Seiten sind nach den Kompetenzen gegliedert: In Übung **V 1** kannst du das trainieren, was unter **V 1** auf der Informationsseite dargestellt ist.

Am Anfang der ersten Trainingsseite steht immer ein kurzer „**Vokabel-Check**" (**WS** = Wortschatz).
Hier trägst du die deutschen Bedeutungen der Wörter ein – als Vorbereitung für die folgenden Übungen.
Wenn du bei einer Vokabelbedeutung nicht sicher bist, schlage sie nach.

Nach den Lektionen 34, 36, 38 und 40 findest du jeweils eine **Doppelseite zum Übersetzungstraining** (**Ü 1**).
Hier bekommst du Tipps und lernst Strategien kennen, mit denen du lateinische Sätze und Texte besser übersetzen kannst.

Fakultativer Stoff aus dem Lehrbuch ist auch im *Grammatik- und Übersetzungstrainer* gekennzeichnet: ★

Am Ende vom *Grammatik- und Übersetzungstrainer* sind die **Lösungen** abgedruckt. Dort überprüfst du deine Ergebnisse oder holst dir Rat zum Weiterarbeiten. Die Ergebnisse des Vokabel-Checks kannst du auf den letzten Seiten der Lösungen überprüfen, dort sind alle Vokabeln alphabetisch aufgelistet.

Am Ende des Heftes findest du außerdem eine **Übersicht über die Begriffe der Grammatik** mit Erklärungen.
Wenn du ausführlichere Erläuterungen zur Grammatik brauchst, dann sieh in deiner *Cursus*-Begleitgrammatik nach.

Der *Grammatik- und Übersetzungstrainer* orientiert sich zwar an der Grammatikabfolge des *Cursus*, kann aber auch ohne dieses Lateinbuch verwendet werden: Die **Übersicht über die Kompetenzen** auf S. 79–80 zeigt, was in welchem Kapitel trainiert wird. So kannst du auch gezielt einzelne Kapitel zum Üben auswählen.

Wir wünschen dir **viel Erfolg** mit dem
Grammatik- und Übersetzungstrainer!

Verfasser, Herausgeber und Verlag

N1 den Komparativ der Adjektive und Adverbien **erkennen** und **bilden**

N2 den Komparativ der Adjektive und Adverbien **übersetzen**

N3 den Superlativ der Adjektive und Adverbien **erkennen** und **bilden**

N4 den Superlativ der Adjektive und Adverbien **übersetzen**

N5 den Ablativ des Vergleichs **erkennen** und **übersetzen**

N1 Den Komparativ eines Adjektivs erkennt man am Kennzeichen **-ior** (m, f) / **-ius** (n).
Bsp.: Komparativ der Adjektive altus, alta, altum und brevis, brevis, breve:

	Singular		Plural	
	m/f	n	m/f	n
Nom.	altior brevior	altius brevius	altiores breviores	altiora breviora
Gen.	altioris brevioris		altiorum breviorum	
Dat.	altiori breviori		altioribus brevioribus	
Akk.	altiorem breviorem	altius brevius	altiores breviores	altiora breviora
Abl.	altiore breviore		altioribus brevioribus	

Den Komparativ eines Adverbs erkennt man am Kennzeichen **-ius**.
Aulus celeriter currit, sed Quintus celerius currit quam Aulus.
Aulus läuft schnell, aber Quintus läuft schneller als Aulus.

N2

Komparativ bei einem Vergleich	Imperator villam pulchriorem habet *quam* ceteri cives.	Der Kaiser hat ein schöneres Haus *als* die übrigen Bürger.
Komparativ ohne direkten Vergleich	Murus altior erat. Equus celerius currit.	Die Mauer war ziemlich/recht/zu hoch. Das Pferd läuft ziemlich schnell.

N3 Den Superlativ eines Adjektivs erkennt man am Kennzeichen **-issim-**.
altus, -a, -um – **altissim**us, -a, -um   **brev**is, -is, -e – **brevissim**us, -a, -um
Ausnahmen sind:
- Adjektive auf -er, -(e)ra, -(e)rum, z. B.:   **celer**, -is, -e → **celerrim**us, -a, -um
- einige der Adjektive auf -lis, z. B.:   **facilis/difficil**is, -is, -e → **facillim**us/**difficillim**us, -a, -um
- Adjektive mit unregelmäßiger Steigerung:

Positiv	Komparativ	Superlativ	Positiv	Komparativ	Superlativ
bonus, -a, -um	melior, melius	optimus, -a, -um	magnus, -a, -um	maior, maius	maximus, -a, -um
malus, -a, -um	peior, peius	pessimus, -a, -um	parvus, -a, -um	minor, minus	minimus, -a, -um
			multi, -ae, -a	plures, plura	plurimi, -ae, -a

Der Superlativ eines Adverbs ist die Superlativform des Adjektivs mit der Endung **-e**.
altissime, brevissime, celerrime, difficillime, optime

N4

Superlativ bei einem Vergleich Ausdruck des Höchstmaßes	Helena erat femina *omnium* pulcherrima.	Helena war die schönste Frau *von allen*.
Superlativ ohne direkten Vergleich Eine Eigenschaft ist in besonderem Maße vorhanden.	Socrates philosophus[1] clarissimus est. Equus celerrime currit.	Sokrates ist ein sehr/höchst berühmter Philosoph. Das Pferd läuft äußerst schnell.

N5 Ein Vergleich kann im Lateinischen mit quam oder durch den Ablativ (Ablativ des Vergleichs) ausgedrückt sein.
Equus celerius currit **quam** homo.
Equus celerius homine currit.
    Ein Pferd läuft schneller **als ein Mensch**.

WS

egregius	_____	facilis	_____
felix	_____	brevis	_____
afferre	_____	celer	_____
asper	_____	dulcis	_____
pulcher	_____	gravis	_____

N 1

a Nenne das Kennzeichen des Komparativs: -_____ / -_____

b Unterstreiche alle Adjektive, die im Komparativ stehen. Du findest acht.

vivo – longior – vehementibus – celeriorem – fortibus – feliciorum – graviori – liberum –

mortalibus – laetis – clariora – angustorum – molliores – pulchrioris – sacris – egregiorem

c Dekliniere die Komparativformen der Adjektive longus, -a, -um und facilis, -is, -e.

	Singular		Plural	
	m/f	n	m/f	n
Nom.				
Gen.			_longiorum_	
Dat.				
Akk.		_longius_		
Abl.				

	Singular		Plural	
	m/f	n	m/f	n
Nom.				_faciliora_
Gen.				
Dat.	_faciliori_			
Akk.				
Abl.				

d Setze folgende Adverbien in den Komparativ.

alte → _altius_   laete → _____   clare → _____

celeriter → _celerius_   vehementer → _____   graviter → _____

a In den folgenden Sätzen steht der Komparativ im Zusammenhang mit einem Vergleich. Kreise das Adjektiv im Komparativ ein, zeichne einen Pfeil zu seinem Bezugswort und ergänze die Übersetzung.

1. Hiems proximi anni aspera fuit, sed hiems huius anni (asperior) est.

Der Winter des letzten Jahres war hart, aber der Winter dieses Jahres _____.

2. Patronus gravem causam attulit, sed iudex graviorem causam attulit.

Der Anwalt führte einen gewichtigen Grund an, aber der Richter _____

_____.

3. Hoc oppidum altis moenibus circumdatum est, sed illud oppidum altioribus (moenibus)

circumdatum est.

Diese Stadt ist mit hohen Mauern umgeben, aber jene Stadt _____

_____.

b Unterstreiche die Positiv- und die Komparativform des Adverbs und ergänze die Übersetzung.

1. Milites Romani fortiter pugnant, sed milites hostium fortius pugnant.

Die römischen Soldaten kämpfen tapfer, aber die Soldaten der Feinde _____.

2. Dominus meus clementer in servos agit, sed dominus tuus clementius in servos agit.

Mein Herr behandelt Sklaven mild, aber dein Herr _____.

3. Rex superbe se gerit, sed regina superbius se gerit.

Der König benimmt sich hochmütig, aber die Königin _____.

c In den folgenden Sätzen ist der Komparativ von Adjektiven und Adverbien ohne Vergleich gebraucht. Übersetze entsprechend.

1. Res est facilior. _____ 3. Libentius legimus. _____

2. Iter est longius. _____ 4. Canunt pulchrius. _____

N3 **a** Schreibe das Adjektiv im Positiv zu seiner Superlativ-Form.

fidissimi – _____*fidus, -a, -um*_____   gravissima – _____

inimicissimos – _____   miserrimae – _____

facillime – _____   celerrimam – _____

fortissimis – _____   novissimo _____

b Ergänze die fehlenden Formen der unregelmäßig gesteigerten Adjektive.

Positiv	Komparativ	Superlativ
	, maius	maximus, -a, -um
parvus, -a, -um	minor,	
bonus, -a, -um	, melius	

c Bilde den Superlativ des Adjektivs und des Adverbs.

Adjektiv	Superlativ	Adverb	Superlativ
fidus, -a, -um		fide	
vehemens, -ntis		vehementer	
felix, -cis		feliciter	
gravis, -is, -e		graviter	

a In den folgenden Sätzen steht der Superlativ im Zusammenhang mit einem Vergleich.
Kreise jeweils das Adjektiv im Superlativ ein, zeichne einen Pfeil zu seinem Bezugswort und übersetze.

1. Marcus Tullius Cicero fuit omnium clarissimus orator.

_____

2. Hoc est gravissimum consilium, quod senatus umquam cepit.

_____

b In den folgenden Sätzen steht der Superlativ ohne Vergleich. Übersetze entsprechend.

1. Senatores clarissimi in forum Romanum convenerunt.

_____

2. Hannibal cum elephantis¹ montes altissimos transiit.

_____

N5 Unterstreiche die Wörter, die miteinander verglichen werden, und übersetze.

1. Hoc oppidum altioribus moenibus circumdatum est quam illud.

_____

2. Sol maior et gravior est terra.

_____

substantivierte Infinitive im Deutschen **erkennen** und **deklinieren**

 deklinierte substantivierte Infinitive im Lateinischen (Gerundium) **erkennen**

 das Gerundium **bilden**

 das Gerundium **übersetzen**

 Im Deutschen kann der Infinitiv eines Verbs wie ein Substantiv verwendet werden:
Ich spiele gerne. Das Spielen gefällt mir. – Das Spiel gefällt mir.

Den substantivierten Infinitiv erkennt man im Deutschen am Artikel und an der Großschreibung.
Der substantivierte Infinitiv kann dekliniert werden, z. B.:
Beim Spielen (bei dem Spielen) verfliegt die Zeit.

 Auch im Lateinischen kann der Infinitiv eines Verbs wie ein Substantiv verwendet sein:
Libenter ludo. Mihi placet ludere. – Mihi placet ludus.

Der substantivierte Infinitiv kann dekliniert werden. Die deklinierte Form wird **Gerundium** genannt.

Das Gerundium erkennt man am **-nd-**, z. B.:   In lude**nd**o tempus fugit. – Beim Spielen verfliegt die Zeit.

V3 Das Gerundium wird folgendermaßen gebildet:
Präsensstamm *(+ Sprechvokal)* + **nd** + Kasus-Zeichen der o-Deklination (im Singular)
z. B.: Ablativ: lud   *e*   nd   o

Infinitiv	rogare	ludere	pati	ire
Gen.	roga**nd**i	lude**nd**i	patie**nd**i	eu**nd**i
Dat.	roga**nd**o	lude**nd**o	patie**nd**o	eu**nd**o
Akk.	ad roga**nd**um	ad lude**nd**um	ad patie**nd**um	ad eu**nd**um
Abl.	roga**nd**o / in roga**nd**o	lude**nd**o / in lude**nd**o	patie**nd**o / in patie**nd**o	eu**nd**o / in eu**nd**o

V4 Für das Gerundium gibt es folgende Übersetzungsmöglichkeiten:

		mit substantiviertem und dekliniertem Infinitiv	mit Infinitiv	mit Gliedsatz
Gen.	audiendi	des Hörens	zu hören	
Dat.	audiendo	dem Hören	*(kommt sehr selten vor)*	
Akk.	ad audiendum	zum Hören	zu / um zu hören	
Abl.	audiendo / in audiendo	durch (das) Hören / beim Hören		dadurch dass / indem (ich höre, du hörst, …)

Bei manchen Verben lässt sich das Gerundium gut durch ein deutsches Verbalsubstantiv (aus dem Verb entstandenes Substantiv) ausdrücken:

in servando – beim Retten, bei der Rettung

Beim Gerundium können Objekte und Adverbiale stehen:

Tempus omnes audiendi imperatori non fuit.   Der Kaiser hatte keine Zeit, alle anzuhören.
Milites fortiter pugnando urbem defenderunt.   Die Soldaten haben durch tapferes Kämpfen
die Stadt verteidigt.

WS

delectare _____	perferre _____
consilium _____	discere _____
obsidere _____	labor _____
explanare _____	certare _____
intellegere _____	celebrare _____

V1

a Erkläre kurz, woran du im Deutschen einen substantivierten Infinitiv erkennst.

_____

b Unterstreiche die deutschen substantivierten Infinitive.

das Lernen – beim Verlassen – mit der Erfindung – die Rückkehr – des Redens –

beim Ergreifen – die Bitten – zum Erzählen – zum Unterricht – des Kochens –

durch das Wiederholen – durch die Unterwerfung – das Urteil

V2

a In jeder Zeile stammen beide Formen vom selben Verb, aber nur eine davon ist ein Gerundium.
Kreise das Gerundium ein und schreibe den Infinitiv des Verbs dahinter.

deleto	– (delendo)	*delere*
petendum	– petitum	_____
incendendi	– incendi	_____
probando	– probo	_____
celebranti	– celebrandi	_____
fundo	– fundendo	_____
descendi	– descendendi	_____
animadvertendo	– animadverto	_____
abitum	– abeundum	_____
reddidi	– reddendi	_____

b Hier sind Gerundien mit anderen Formen vermischt.
Markiere die Gerundien farbig – sie kommen in verschiedenen Formen vor.

multitudo – delendo – hortandum – quando – custodum –

exeundo – ludo – appellandum – condere – blandis –

clementes – videntur – deinde – cognoscendi – contemplando –

incendium – dicendi – iucundi – protegendi

> Überlege, auf welche Grundform sich das Gerundium jeweils zurückführen lässt.

a Zerlege die Gerundien in ihre Bestandteile und trage diese in die Tabelle ein.

~~fugiendo~~ – administrandi – faciendum – docendo – exeundi – referendum

Präsensstamm	(+ Sprechvokal)	Gerundium-Zeichen	Kasus-Zeichen
fugi	*e*	*nd*	*o*

b Bilde die Formen des Gerundiums zu den angegebenen Infinitiven.

Infinitiv	portare	dormire	adire
Gen.			
Dat.			
Akk.	ad	ad	ad
Abl.	(in)	(in)	(in)

 a Hier siehst du jeweils die Genitiv-Form des Gerundiums. Gib den Infinitiv an, von dem sie stammen, und seine deutsche Bedeutung. Übersetze dann das Gerundium mit einem substantivierten Verb und mit einem Infinitiv.

Gerundium im Genitiv	Infinitiv	deutsche Bedeutung	Übersetzung mit	
			substantiviertem Verb	Infinitiv
ars …			die Kunst …	
narrandi	*narrare*	*erzählen*	*des Erzählens*	*zu erzählen*
tacendi				
explanandi				
obsidendi				
discendi				
docendi				
regendi				

b Hier steht das Gerundium im Akkusativ bei der Präposition **ad**. Übersetze mit beiden Möglichkeiten.

Gerundium im Akkusativ	Übersetzung mit Infinitiv	Übersetzung mit substantiviertem Verb
Paratus sum …	Ich bin bereit …	
ad tacendum.	*zu schweigen.*	*zum Schweigen.*
ad laborandum.		
ad discendum.		
ad referendum.		
ad intellegendum.		
ad explanandum.		
ad certandum.		

c Hier siehst du das Gerundium im Ablativ ohne Präposition. Übersetze mit beiden Möglichkeiten.

Gerundium im Ablativ	Übersetzung mit substantiviertem Verb	Übersetzung mit Gliedsatz
Omnes delectat …	Er erfreut alle …	
narrando.	*durch das Erzählen.*	*dadurch, dass er erzählt.*
legendo.		
protegendo.		
canendo.		
abeundo.		
celebrando.		
explanando.		

d In den folgenden Sätzen ist das Gerundium durch Objekte ergänzt.
Unterstreiche das Gerundium, zeichne einen Pfeil zu seinem Objekt und übersetze anschließend.

Tempus est
… amicos <u>audiendi</u>.   *Es ist Zeit, die Freunde anzuhören.*

1. … labores perferendi. _____

2. … consilia explanandi. _____

3. … fabulas narrando animos hominum delectandi. _____

★V5 Deponentien aller Konjugationen **erkennen**

★V6 Formen der Deponentien **bilden** und **übersetzen**

★V7 Infinitive, Imperative und Partizipien der Deponentien **erkennen**

★V5 Deponentien sind Verben, die passivische Formen bilden, aber aktivisch übersetzt werden.
Ein Deponens erkennt man daran, dass seine Stammformen passivisch sind:

Infinitiv	1. Sg. Präsens	1. Sg. Perfekt
conari – versuchen	**conor** – ich versuche	**conatus sum** – ich habe versucht
vereri – fürchten	**vereor** – ich fürchte	**veritus sum** – ich habe gefürchtet
loqui – sprechen	**loquor** – ich spreche	**locutus sum** – ich habe gesprochen

★V6 Übersicht über alle Tempora in der 3. Sg. am Beispiel von conari und loqui:

	Indikativ		Konjunktiv
Präsens	cona-tur loqui-tur	er versucht er spricht	cone-tur loqu-a-tur
Imperfekt	cona-ba-tur loqu-eba-tur	er versuchte er sprach	cona-re-tur loque-re-tur
Futur I	cona-bi-tur loqu-e-tur	er wird versuchen er wird sprechen	
Perfekt	conatus est locutus est	er hat versucht er hat gesprochen	conatus sit locutus sit
Plusquam-perfekt	conatus erat locutus erat	er hatte versucht er hatte gesprochen	conatus esset locutus esset
Futur II	conatus erit locutus erit	er wird versucht haben er wird gesprochen haben	

★V7 Die **Infinitive** der Deponentien:

Präsens	cona**ri** – versuchen	vere**ri** – fürchten	loqu**i** – sprechen
Perfekt	cona**tum esse** – versucht haben	veri**tum esse** – gefürchtet haben	locu**tum esse** – gesprochen haben

Die **Imperative** der Deponentien:

Singular	cona-**re** – Versuche!	vere-**re** – Fürchte!	loque-**re** – Sprich!
Plural	cona-**mini** – Versucht!	vere-**mini** – Fürchtet!	loqui-**mini** – Sprecht!

Die **Partizipien** der Deponentien:
Viele Deponentien bilden neben dem PPP auch ein PPA.
Beide werden aktivisch übersetzt, das PPP ist vorzeitig, das PPA gleichzeitig.

PPP	cona**tus, -a, -um** – versucht (habend)	veri**tus, -a, -um** – gefürchtet (habend)	locu**tus, -a, -um** – gesprochen (habend)
PPA	cona**ns, -ntis** – versuchend	vere**ns, -ntis** – fürchtend	loqu**ens, -ntis** – sprechend

WS

vereri _____	rapere _____
loqui _____	potiri _____
contemplari _____	experiri _____
pati _____	hortari _____
admirari _____	conari _____

★V5

a Ergänze die Stammformentabelle.

Infinitiv	1. Sg. Präs.	1. Sg. Perf.	deutsche Bedeutung
	experior		
admirari			
		potitus sum	
			sprechen
	conor		
hortari			
	vereor		
		contemplatus sum	

b Notiere zu jeder dieser Passivformen den Infinitiv des Verbs und kreuze an, ob es sich jeweils um ein Deponens handelt oder nicht.

	Infinitiv	Deponens	kein Deponens
capitur	*capere*		✗
patitur	*pati*	✗	
admiramur			
potientur			
missi erant			
rogabamini			
conabaris			
experti estis			
indicatum est			
hortantur			

Lerne die Stammformen von Deponentien besonders gründlich!

V6 **a** Wiederhole die Person-Zeichen des Passivs und trage sie ein.

1. Sg.	2. Sg.	3. Sg.	1. Pl.	2. Pl.	3. Pl.

b Unter den folgenden Formen befinden sich zehn Deponentien. Unterstreiche sie.
Die markierten Buchstaben in den Deponentien ergeben hintereinander gelesen ein Lösungswort.

habe*n*tur – negl*e*gens – ex*p*erimini – mi*l*itis – con*a*bamur – fratr*i*bus – a*b*itur –

contemplatu*s* esset – admirari*s* – ex*p*ugnata est – pr*o*hibitur – pot*i*tur – magnitudinis –

ab*d*ucebantur – *v*erebar – *r*ogabamini – iti*n*eris – loqu*i*mini – coli*m*ini – interrog*o*r –

passu*s* sum – *c*onati sitis – i*u*ssi sunt – *h*ortatur – offert*u*r – pr*o*tecti sunt

Lösungswort: ___ ___ ___ ___ ___ ___ ___ ___ ___ ___

c Nur eine der beiden Übersetzungen ist richtig. Streiche jeweils die falsche durch.

conatur	es wird versucht	er/sie/es versucht
admiratae estis	ihr seid bewundert worden	ihr habt bewundert
hortabaris	du fordertest auf	du wurdest aufgefordert
potimur	wir bemächtigen uns	man bemächtigt sich unser
verebuntur	sie werden gefürchtet werden	sie werden fürchten

d Übersetze die folgenden Formen von Deponentien.

hortor – _____   hortabatur – _____

locutus es – _____   loquemur – _____

admiratae estis – _____   admirabuntur – _____

potiris – _____   potior – _____

veriti sumus – _____   vereris – _____

contemplaris – _____   contemplatus erat – _____

patitur – _____   passi sunt – _____

Achte genau auf Person- und Tempus-Zeichen.

e Ergänze bei den lateinischen Verbformen das richtige Tempus-Zeichen △
und das richtige Person-Zeichen ☐ bzw. die Formen von esse .

Eine Linie
entspricht
einem
Buchstaben.

1. ihr werdet bewundern   admira __ __ __ __ __ __

2. sie haben versucht   conatae   __ __ __

3. er wird in seine Gewalt bringen   poti __ __ __ __

4. du sprachst   loqu __ __ __ __ __

5. ich fürchte   vere __ __

6. wir haben betrachtet   contemplati   __ __ __ __ __

tur   bi   ris

sumus   or

sunt

mini   e   eba

★V7

a Bilde den jeweils fehlenden Infinitiv des Deponens.

Infinitiv Präsens	Infinitiv Perfekt
	veritum esse
conari	
loqui	
	admiratum esse
contemplari	

b Kreise die Formen ein, die Imperativ Sg. eines Deponens sind, und übersetze sie.

(conare) – rogare   potire – venire   dormire – experire

_____*Versuche!*_____   _____   _____

admirare – celebrare   timere – verere   loquere – legere

_____   _____   _____

c Kreise die Formen ein, die Imperativ Pl. eines Deponens sind, und übersetze sie.

rogamini – (conamini)   potimini – audimini   abducimini – admiramini

_____*Versucht!*_____   _____   _____

loquimini – neglegimini   rapimini – patimini   vincimini – veremini

_____   _____   _____

Du hast schon **Übersetzungsmethoden** kennengelernt. Hier kannst du sie wiederholen und üben.

Pendelmethode:
Sie hilft insbesondere dabei, mit der Wortstellung im Lateinischen zurechtzukommen.
Beispiel: Romae aliquando reges urbem a Romulo conditam rexerunt.

→ Übersetze das erste Wort / die erste Wortgruppe:	Romae	In Rom
→ Pendele zum Prädikat:	rexerunt	(sie) regierten
→ Pendele zurück und übersetze der Reihe nach:	aliquando reges urbem	einst Könige die Stadt
→ Pendele typische Konstruktionen (z. B. PC) „hinein", vom Bezugswort ausgehend:	urbem … conditam	die … gegründete

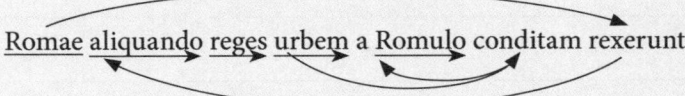

In Rom regierten einst Könige die von Romulus gegründete Stadt.

Wortblöcke erkennen:
Mit dieser Methode ordnet man Zusammengehöriges und trennt so die Satzglieder voneinander ab.
Beispiel: Post mortem Romuli Numa Pompilius, vir magnae sapientiae, ab amicis rogatus imperium urbis obtinuit.

→ Ermittle die Wortblöcke:	
• Präpositionen mit den dazugehörigen Wörtern	post mortem Romuli
• Substantive mit Adjektiv-Attributen oder Pronomen (in KNG-Kongruenz)	vir magnae sapientiae
• Substantive mit Attributen (im Genitiv)	imperium urbis
• Nomen als Bezugswort mit dazugehörigen Formen (z. B. Partizipien)	(vir) ab amicis rogatus

Post mortem Romuli | Numa Pompilius, | vir magnae sapientiae, | ab amicis rogatus | imperium urbis obtinuit.
Nach dem Tod des Romulus hatte Numa Pompilius, ein Mann von großer Weisheit, nachdem er von den Freunden darum gebeten worden war, die Herrschaft über die Stadt inne.

Konstruktionsmethode:
Sie dient dazu, die Funktion der Formen im Satz zu ermitteln.
Beispiel: Romulo mortuo cives magna admiratione moti regem in caelum ascendisse crediderunt.

→ Übersetze das Prädikat:	crediderunt:	sie glaubten
→ Ermittle das Subjekt und übersetze Subjekt und Prädikat.	cives:	Die Bürger (glaubten)
→ Stelle Fragen vom Prädikat aus: wen/was? wessen? wann? usw. und suche anhand der Wortart, Kasus oder Konstruktion Antworten, z. B.:		
wen/was? = Akkusativ-Objekt [Akkusativ/Infinitiv/AcI];	was?	regem … ascendisse
warum/wann? = Adverbiale [(Präposition +) Abl./Adverb]	warum?	admiratione moti
	wann?	Romulo mortuo

wann? Adverbiale (Zeit)	wer? Subjekt	warum? Adverbiale (Grund)	was? Objekt	Prädikat
[Romulo mortuo]	cives	[magna admiratione moti]	[regem in caelum ascendisse]	crediderunt.

Nach dem Tod des Romulus glaubten die Bürger, veranlasst durch ihre große Bewunderung, dass der König in den Himmel aufgestiegen sei.

a Übersetze diese Sätze mithilfe der *Pendelmethode*.
Socrates ab iudicibus morte damnatus e carcere[1] fugere recusavit.

_____

_____

Profecto multi homines ad bonam vitam agendam verba medicorum semper et diligenter servant.

_____

_____

b Übersetze diese Sätze mithilfe der Methode *Wortblöcke erkennen*.
Nerone imperatore magna urbis pars paucis diebus flammis deleta est.

_____

_____

Saepe rem publicam a Cicerone consule e magnis periculis servatam esse audivimus.

_____

_____

c Übersetze diese Sätze mithilfe der *Konstruktionsmethode*.
In bello in Sicilia gesto miles Romanus illum virum magnae prudentiae gladio interfecit.

_____

_____

Augusto imperatori in lecto quiescenti tribunus nuntium de magna clade in Germania accepta affert.

_____

_____

d Wende eine geeignete Übersetzungsmethode an und übersetze.
Ex tota Graecia iuvenes fortissimi Olympiam convenerunt, ut celerrime currendo honorem sibi parerent.

_____

_____

_____

_____

das Gerundivum **erkennen**

 Gerundium und Gerundivum **unterscheiden**

 das Gerundivum **bilden**

das Gerundivum (Gerundivum-V) **übersetzen**

 Das Gerundivum ist ein vom Verb gebildetes Adjektiv.
Es hat das Kennzeichen **-nd-** und die Kasusendungen wie die Adjektive der a-/o-Deklination:
Das Gerundivum von rogare lautet z. B.: **roga-nd-us, roga-nd-a, roga-nd-um**

Gerundium	Gerundivum	
der substantivierte, deklinierte Infinitiv	ein vom Verb gebildetes Adjektiv	
Kennzeichen -nd-		
Formen: **Gen., Dat., Akk., Abl. Sg.**	Formen: **alle Kasus in Sg. und Pl. in allen drei Genera m, f, n**	
-ndi, -ndo, -ndum, -ndo	-ndus, -nda, -ndum; -ndi, -ndae, -nda usw.	
	steht mit einem Nomen und kongruiert mit ihm (d.h., es stimmt in Kasus, Numerus, Genus mit ihm überein)	

 Das Gerundivum wird folgendermaßen gebildet:

Präsensstamm *(+ Sprechvokal)* + **nd** + Kasus-Zeichen der Adjektive der a-/o-Dekl.
Bsp. Ablativ: audi *e* nd -o, -a, -o; -is

	Singular			Plural		
	m	f	n	m	f	n
Nom.	audiendus	audienda	audiendum	audiendi	audiendae	audienda
Gen.	audiendi	audiendae	audiendi	audiendorum	audiendarum	audiendorum
Dat.	audiendo	audiendae	audiendo	audiendis	audiendis	audiendis
Akk.	audiendum	audiendam	audiendum	audiendos	audiendas	audienda
Abl.	audiendo	audienda	audiendo	audiendis	audiendis	audiendis

 Das Gerundivum kann zusammen mit einem Nomen einen **Vorgang** ausdrücken.
In dieser Verwendung wird es deshalb **Gerundivum-V** genannt.
Das Gerundivum-V kongruiert immer mit einem Nomen; beide zusammen werden folgendermaßen übersetzt:

	mit	substantiviertem Infinitiv / Verbalsubstantiv	Infinitiv	Gliedsatz
Gen.	tempus **rei audiendi**	Zeit **des Anhörens / der Anhörung** des Angeklagten	Zeit, **den Angeklagten** anzuhören	
Dat.	*(kommt sehr selten vor)*			
Akk.	paratus ad **reos audiendos**	bereit für [zum / zur …] **das Anhören / die Anhörung** der Angeklagten	bereit, **die Angeklagten** anzuhören	
Abl.	[in] **reis audiendis**	durch [beim / bei der …] **das Anhören / die Anhörung** der Angeklagten		dadurch, dass / indem **die Angeklagten** angehört werden / man … anhört

reus	_____	defendere	_____
ars	_____	deponere	_____
scribere	_____	finire	_____
liber	_____	relinquere	_____
urbs	_____	pellere	_____

V1

a Beide Formen stammen vom selben Verb, aber nur eine ist das Gerundivum.
Kreise das Gerundivum ein und schreibe den Infinitiv, von dem die Form stammt, dahinter.

deletis	–	delendis	_____
capiendam	–	capiam	_____
ducendi	–	duxisti	_____
reddendas	–	reddideras	_____
abducto	–	abducendo	_____
tollenda	–	tollite	_____

b Hier ist das Gerundivum mit anderen Formen gemischt.
Markiere alle Formen des Gerundivums farbig.

fortunam – gerendam – lectum – servandae – servae –

liberandae – liberae – urbis – ferendis – pernicies – recipiendas – potestatem –

videntes – rogandorum – pellenda – respondete – legendis – voluntatis –

trahendos – tetendi – clementes – mittendam – montem

> Überlege, auf welche Grundformen
> sich die Formen zurückführen lassen.

V2

Entscheide, welche der folgenden Aussagen über Gerundium und
Gerundivum stimmen.

	stimmt	stimmt nicht
1. Beim Gerundium gibt es keinen Plural.	D	G
2. Gerundium und Gerundivum haben beide das Kennzeichen -nd-.	I	E
3. Beim Gerundium kann die Endung -a vorkommen.	R	S
4. Beim Gerundivum gibt es die Endung -is.	C	U
5. Das Gerundium wird vom Präsensstamm gebildet.	E	N
6. Weder bei Gerundium noch bei Gerundivum gibt es die Endung -es.	N	D
7. Das Gerundivum wird nicht dekliniert.	A	D
8. Das Gerundium ist der substantivierte, deklinierte Infinitiv.	O	M

Mit den richtigen Antworten ergibt sich ein lateinisches Lösungswort: __ __ __ __ __ __ __

V3 a Sortiere das Gerundivum zu dem Substantiv, mit dem es kongruiert und zu dem es passt.

movendis – salutandum – interrogandos – exstruendi – capiendae – legendis

ad reos _____

consilium urbis _____

ad imperatorem _____

libris _____

animis _____

ars pontis _____

b Bilde das Gerundivum zu den angegebenen Infinitiven.

Infinitiv	scribere	sequi
Gen.	ars epistul**ae**	consilium hosti**um**
Dat.	*(kommt nicht vor)*	
Akk.	ad epistul**am**	ad host**es**
Abl.	in epistul**a**	in host**ibus**

V4 a Übersetze das Gerundivum im Genitiv mit den angegebenen Möglichkeiten.

Gerundivum im Genitiv	Übersetzung mit	
	Infinitiv	substantiviertem Verb oder Verbalsubstantiv
tempus ...		*(die) Zeit ...*
amici conveniendi	*den Freund zu treffen*	*für das/ein Treffen des Freundes / mit dem Freund*
epistulae scribendae		
laboris finiendi		
domus aedificandae		
regis pellendi		
urbis relinquendae		

b Übersetze das Gerundivum im Akkusativ mit den angegebenen Möglichkeiten.

Gerundivum im Akkusativ	Übersetzung mit	
	Infinitiv (zu …, um … zu)	Verbalsubstantiv
Omnes conveniunt …	*Alle kommen zusammen …*	
ad civitatem servandam.	*um den Staat zu retten.*	*zur Rettung des Staates.*
ad servos liberandos.		
ad oppidum capiendum.		
ad nuntios audiendos.		
ad urbes defendendas.		
ad beneficia tribuenda.		

c Übersetze das Gerundivum im Ablativ mit den angegebenen Möglichkeiten.

Gerundivum im Ablativ	Übersetzung mit	
	substantiviertem Infinitiv	Gliedsatz (indem / dadurch, dass)
Animos amicorum movet …	*Er bewegt die Herzen der Freunde …*	
carmine canendo.	*durch das Singen eines Liedes.*	*dadurch, dass er ein Lied singt.*
fabulis narrandis.		
donis dandis.		
cena paranda.		
omnibus rebus bene gerendis.		

d Unterstreiche das Gerundivum-V und das Nomen, mit dem es kongruiert, und übersetze.

1. In urbe expugnata consul vitae civium servandae causa cum hostibus de pace facienda egit.

_____

_____

2. Nonnulli homines beate vivendi causa parati sunt ad iniurias ab aliis acceptas perferendas.

_____

_____

★S1 die Konstruktion Nominativus cum Infinitivo (NcI) **erkennen** und **übersetzen**

★S2 den Unterschied zwischen AcI und NcI **erkennen**

★S1 Der **NcI** (Nominativus cum Infinitivo – Nominativ mit Infinitiv) ist eine Infinitiv-Konstruktion, bei der ein Nomen zusammen mit einem Infinitiv eine satzwertige Aussage ergibt.

Das Nomen steht im Nominativ, denn es ist Subjekt des Satzes und „Subjekt" der Aussage.

Archimedes Syracusis **interfectus esse** dici**tur**.
   Nom.   *Inf.*

Dass Archimedes in Syrakus getötet worden ist, wird gesagt.

Übersetzungsmöglichkeiten:
a) Es wird gesagt / Man sagt, **dass** Archimedes in Syrakus getötet worden ist.
b) Archimedes **soll** in Syrakus getötet worden sein.
c) Archimedes wurde – **wie man sagt** – in Syrakus getötet.

Das Verb, von dem der NcI abhängt, steht im Passiv. Die Person richtet sich nach dem Subjekt.

dicor – man sagt, dass ich … / ich soll (angeblich) …
diceris – man sagt, dass du … / du sollst …
dicitur – man sagt, dass er/sie … / er/sie soll … usw.

Am häufigsten tritt dieses Verb in der 3. Sg. oder Pl. und im Präsens auf.

Von folgenden Verben kann ein NcI abhängen:

dicitur, dicuntur	es wird gesagt / man sagt, …
traditur, traduntur	es wird überliefert / man überliefert, …
fertur, feruntur	es wird berichtet / man berichtet, …
videtur, videntur	es scheint, …

★S2 **NcI** und **AcI** unterscheiden sich darin, dass beim AcI zwei „Subjekte" auftreten:
das Subjekt des Prädikats, von dem der AcI abhängt, und
das „Subjekt" der Aussage, das im Akkusativ steht.

Vergleiche:

NcI: **Archimedes** Syracusis **interfectus esse**   dici**tur**.
          Nominativ
     Subjekt zu dicitur +
     „Subjekt" im NcI

AcI: **Archimedem** Syracusis **interfectum esse** homines dicunt.
       Akkusativ   *Subjekt*   *Prädikat*
   „Subjekt" im AcI

Übersetzung:
NcI   Archimedes soll in Syrakus getötet worden sein.
AcI   Die Menschen sagen, dass Archimedes in Syrakus getötet worden sei.

Der AcI tritt wesentlich häufiger auf als der NcI.

WS

sapiens _____	iuvenis _____
mors _____	tradere _____
innocens _____	uxor _____
exspectare _____	aequus _____
animus _____	malum _____

★S1 Unterstreiche in den Sätzen das Prädikat und markiere den Nominativ mit Infinitiv (NcI) farbig. Übersetze dann jeden Satz mit verschiedenen Übersetzungsmöglichkeiten.

1. Socrates sapientissimus vir fuisse dicitur.

a) _Man sagt, dass_ _____

b) _____ _soll_ _____

c) _____ _– wie man sagt –_ _____

2. Animi iuvenum ad mala deducti esse dicuntur.

a) _____

b) _____

c) _____

3. Socrates mortem aequo animo exspectavisse traditur.

a) _Es wird überliefert, dass_ _____

b) _____ _– wie überliefert wird –_ _____

4. Xanthippe uxor Socratis fuisse fertur.

a) _____

b) _____

5. Socrates innocens fuisse videtur.

a) _Es scheint, dass_ _____

b) _____ _anscheinend_ _____

6. Amici ad Socratem: „Mortem timere non videris."

a) _____

b) _____

das Gerundivum **erkennen**

 das Gerundivum zum Ausdruck der Notwendigkeit (Gerundivum-N) **erkennen** und **übersetzen**

 die handelnde Person beim Gerundivum (Dativus auctoris) **erkennen** und **übersetzen**

 das Gerundivum zum Ausdruck der Notwendigkeit im AcI **erkennen** und **übersetzen**

 Das Gerundivum ist ein vom Verb gebildetes Adjektiv.
Es hat das Kennzeichen **-nd-** und die Kasusendungen wie die Adjektive der a-/o-Deklination.
Das Gerundivum von audire lautet z. B.: audie-nd-us, audie-nd-a, audie-nd-um.

 Ein Gerundivum, das zusammen **mit einer Form von esse** steht, drückt eine **Notwendigkeit** aus (Gerundivum-N), z. B.:

Reus audie**nd**us **est**.   Der Angeklagte **ist anzuhören**.
                             Der Angeklagte **muss angehört werden**.

Das **Gerundivum** bildet **zusammen mit der Form von esse das Prädikat** des Satzes (es ist das Prädikatsnomen). Es richtet sich in Kasus, Numerus und Genus nach seinem **Bezugswort, dem Subjekt**.

Re**i** audiend**i** sunt.   Die Angeklagten sind anzuhören / müssen angehört werden.

An der **Form von esse** erkennt man das Tempus und die Person/Sache, mit der etwas geschehen muss, z. B.:

Serva: „Ego audienda **sum**,   Die Sklavin: „Ich **bin** anzuhören, die Freundinnen **werden** anzuhören **sein**. /
amicae audiend**ae erunt**."   Ich **muss** angehört werden, die Freundinnen **werden** angehört werden **müssen**."

Das Gerundivum zusammen mit esse tritt **nur** im **Nominativ** und (beim AcI s.) im **Akkusativ** auf.

Das Gerundivum kann im **Neutrum Singular ohne ein eigenes Subjekt** stehen. Es ist dann unpersönlich gebraucht und wird mit „man ..." übersetzt.

Nunc conside**ndum** est.   Jetzt **muss man** sich hinsetzen.

Wenn eine **Negation beim Gerundivum mit esse** steht, wird es mit „nicht dürfen" übersetzt, z. B:
Reus damnandus **non** est.   Der Angeklagte ist nicht zu verurteilen.
                             Der Angeklagte **darf nicht** verurteilt werden.

 Beim Gerundivum mit esse zum Ausdruck der Notwendigkeit steht **die Person, die etwas tun muss** (oder nicht tun darf), **im Dativ** („Täter-Dativ", Dativ des Urhebers, Dativus auctoris).
Die Person kann mit „von ..." wiedergegeben werden, oder der Satz wird ins Aktiv umgewandelt, z. B.:

Iudicibus reus audiendus est.   Der Angeklagte ist **von den Richtern** anzuhören. /
                                    Der Angeklagte muss **von den Richtern** angehört werden. /
                                    Die Richter müssen den Angeklagten anhören.
Nunc **reo** tacendum est.   (Jetzt ist **von dem Angeklagten** zu schweigen.) /
                                    (Jetzt muss **von dem Angeklagten** geschwiegen werden.) /
                                    Jetzt muss **der Angeklagte** schweigen.

 Im AcI bildet das **Gerundivum** zusammen mit dem Infinitiv esse den Prädikatsinfinitiv. Das Gerundivum richtet sich nach dem Bezugswort, dem Subjektsakkusativ, und steht deshalb ebenfalls **im Akkusativ**, z. B.:

Omnes sciunt re**os** audiend**os** esse.   Alle wissen, dass die Angeklagten angehört werden müssen.

WS

hostis	_____	munus _____
cedere	_____	civis _____
neglegere	_____	hospes _____
recipere	_____	liberare _____
oppugnare	_____	colere _____

V1 Suche die Formen des Gerundivums heraus und trage sie, ihre Infinitive und deren Bedeutung ein.

genera – gerenda – gentium – adulescentia – legendus – deductae – accendimus – ponenda – pontes – ponite – proinde – parentes – parendum – persuasum – protectum – imperandum

Form des Gerundivums	Infinitiv	deutsche Bedeutung

S1 **a** Ergänze die Aussagen.

Ein Gerundivum, das zusammen mit einer Form von esse steht, drückt _____

aus. Das Gerundivum bildet zusammen mit der Form von esse _____ des

Satzes (es ist das Prädikatsnomen). Es richtet sich in Kasus, Numerus und Genus nach seinem Bezugswort,

_____. An der Form von esse erkennt man das _____ und die

_____ / _____, mit der etwas geschehen muss. Das Gerundivum kann im _____

_____ ohne ein eigenes Subjekt stehen, z. B.: considendum est. Es ist dann unpersönlich

gebraucht und wird mit „_____" übersetzt.

Wenn eine Negation beim Gerundivum mit esse steht, wird es mit „_____" übersetzt.

b Ergänze die Präsens-Formen von esse beim Gerundivum-N.

1. Urbs defendenda _est._____

2. Dei colendi _____

3. Tu damnandus _____

4. Hostes oppugnandi _____

5. Servi liberandi _____

6. Piratae vincendi _____

7. Hospes recipiendus _____

8. Nos servandae _____

c Ergänze die Übersetzung der Sätze aus ▮**S1** b.

1. Die Stadt _muss verteidigt werden._

2. Die Götter _____

3. Du _____

4. Die Feinde _____

5. Die Sklaven _____

6. Die Piraten _____

7. Ein Gast _____

8. Wir _____

d Hier steht das Gerundivum-N im Neutrum Sg. ohne eigenes Subjekt. Übersetze.

1. Parendum est. – _Man muss gehorchen._

2. Intellegendum est. – _____

3. Referendum est. – _____

4. Discendum est. – _____

5. Redeundum est. – _____

e Hier ist das Gerundivum mit einer Negation verbunden. Übersetze.

Hoc praemium accipiendum non est. – _Diese Belohnung darf nicht angenommen werden / darf man nicht annehmen._

1. Oppidum expugandum non est. – _____

2. Epistulae legendae non sunt. – _____

3. Munus neglegendum non est. – _____

4. Cedendum non est. - _____

5. Tacendum non est. – _____

f Bestimme das Tempus der Formen von esse und übersetze die Sätze.

Epistula scribenda erit. – _(Fut. I) Der Brief wird zu schreiben sein / wird geschrieben werden müssen._

1. Oppidum defendendum erat. - _____

_____

2. Servus: „Liberandus ero." - _____

_____

3. Amica: „Servanda eram." - _____

_____

S2 Kreise die Form im Dativ, die die handelnde(n) Person(en) nennt, (Dativus auctoris) ein und übersetze mit allen Möglichkeiten.

Oppidum (civibus) defendendum est. – *Die Stadt ist von den Bürgern zu verteidigen /*

muss von den Bürgern verteidigt werden. / Die Bürger müssen die Stadt verteidigen.

1. Dei hominibus colendi sunt. – _____

_____

2. Hic liber tibi legendus est. – _____

_____

3. Consulibus mandata perficienda sunt. – _____

_____

4. Id mihi faciendum erat. – _____

_____

5. Hostibus urbs delenda non est. – _____

_____

S3 Achte in diesen Sätzen mit AcI auf die Prädikatsinfinitive (Gerundivum + esse). Unterstreiche den Prädikatsinfinitiv und zeichne einen Pfeil zum Subjektsakkusativ. Setze eine Klammer um den gesamten AcI und übersetze.

Homines [militibus urbem defendendam esse] clamant.

Die Menschen schreien, dass die Stadt von den Soldaten zu verteidigen ist /

dass die Soldaten die Stadt verteidigen müssen.

1. Imperator omnibus civibus auxilium a deis petendum esse dicit.

_____

_____

2. Milites signum urbis defendendae dandum esse existimant.

_____

_____

3. Omnes sciunt acriter pugnandum esse.

_____

_____

4. Consul muros urbis custodibus relinquendos non esse dicit.

_____

_____

Strategie zur **Übersetzung von längeren Sätzen**

| Nasicae consuli, cum ad Ennium amicum venisset et ab ostio quaereret, serva post breve tempus dixit dominum Ennium domi non esse. | \| ostium: der Eingang
\| domi: zu Hause |

| **1. Kläre den Satzbau:**
ein Hauptsatz? Satzreihe (mehrere Hauptsätze)?
Satzgefüge (Hauptsatz, Gliedsatz)?
→ Suche dazu alle **Prädikate** und unterstreiche sie. | Nasicae consuli, cum ad Ennium amicum <u>venisset</u> et ab ostio <u>quaereret</u>, serva post breve tempus <u>dixit</u> dominum Ennium domi non esse. |
| Entscheide, welches das Prädikat / die Prädikate des Hauptsatzes sind.
→ Suche das Wort, das den Gliedsatz einleitet.
  Markiere es und unterstreiche den gesamten <u>Gliedsatz</u> in einer Farbe, den <u>Hauptsatz</u> in einer anderen. | <u>Nasicae consuli,</u> cum <u>ad Ennium amicum venisset et ab ostio quaereret, serva post breve tempus dixit dominum Ennium domi non esse.</u> |

| **2. Zuerst der Hauptsatz:**

→ Übersetze das **Prädikat** des Hauptsatzes.
→ Suche das **Subjekt:**
  Ist es genannt (immer im Nominativ) oder ist es im Prädikat enthalten (im Person-Zeichen)?
→ **Übersetze** Subjekt und Prädikat zusammen. | <u>Nasicae consuli (…) serva post breve tempus dixit dominum Ennium domi non esse.</u>
dixit: er/sie/es sagte
serva: die Sklavin

die Sklavin sagte |
| Zwei Ansätze, um die Funktion weiterer Wörter im Satz zu erkennen:
→ Überlege: Welche weiteren **Fragen** und **Ergänzungen** ergeben sich von Subjekt und Prädikat aus?

oder

→ Prüfe: Liegen **besondere Konstruktionen** vor, z. B. mit Infinitiven (bes. AcI), mit Partizipien (PC, Abl. abs.), nd-Formen (Gerundium, Gerundivum)? | Was sagte die Sklavin?
Ennium dominum domi non esse
Wem sagte sie es? **Nasicae consuli**
Wann sagte sie es? **post breve tempus**

„Spuren" des AcI: AcI-Verb – **dicere,**
Prädikatsinfinitiv – **esse,**
Subjektsakkusativ: **Ennium dominum**
die Sklavin sagte, dass [ihr] Herr Ennius nicht zu Hause sei |

| **3. Dann der Gliedsatz / die Gliedsätze:**

→ Übersetze die Subjunktion.
→ Verfahre genau so wie beim Hauptsatz:
  Prädikat – Subjekt – Funktion der weiteren Wörter

Achtung: Verschiebe dabei keine Wörter aus dem Hauptsatz in den Gliedsatz oder umgekehrt.
Ausnahme: Lasse Eigennamen nicht als einzelne Wörter vor dem Gliedsatz stehen. | cum <u>ad Ennium amicum venisset et ab ostio quaereret,</u>
cum: als/weil
venisset: er/sie/es war gekommen
quaereret: er/sie/es fragte
(in den Prädikaten: er – der Konsul N.)
er war gekommen und fragte
Wohin (war er gekommen)?
ad Ennium amicum: zu seinem Freund Ennius
Wo / Von wo aus (fragte er)?
ab ostio: vom Eingang aus |

Als der Konsul Nasica zu seinem Freund Ennius gekommen war und vom Eingang aus (nach ihm) fragte, sagte eine Sklavin nach kurzer Zeit (zu ihm), dass ihr Herr Ennius nicht zu Hause sei.

Wende das Verfahren bei den folgenden Sätzen dieser Geschichte an:

1. Nasica, qui sensit servam iussu domini hoc dixisse et amicum in domo esse, abiit. | iussu: auf Befehl

1 Satzbau markieren   **2** Hauptsatz: _____

_____

3 Gliedsatz: _____

_____

Übersetzung: _____

_____

_____

2. Paulo post cum Ennius ad Nasicam amici videndi causa venisset et ante portam staret,
   Nasica magna voce Nasicam domi non esse clamavit. | domi: zu Hause

1 Satzbau markieren   **2** Hauptsatz: _____

_____

3 Gliedsatz: _____

_____

Übersetzung: _____

_____

_____

3. Tum Ennius: „Quid audio? Vocem quidem tuam cognosco.“

1 Satzbau markieren   **2** Hauptsatz: _____

Übersetzung: _____

4. Cui Nasica respondit: „Tu homo malus es, nam ego, cum te quaererem,
   servae tuae dicenti te domi non esse credidi, tu autem mihi ipsi non credis.“ | mihi ipsi: mir persönlich
   | domi: zu Hause

1 Satzbau markieren   **2** Hauptsatz: _____

_____

3 Gliedsatz: _____

_____

Übersetzung: _____

_____

_____

den Konjunktiv Präsens und Perfekt **erkennen**

 die Bedeutungen des Konjunktiv Präsens im Hauptsatz **erkennen** und **übersetzen**

 den Konjunktiv Perfekt mit ne im Hauptsatz **übersetzen**

 Konjunktiv Präsens hat als Modus-Zeichen nach dem Präsensstamm ein **-a-**, bei der a-Konjugation ein **-e-**
(z. B.: legere → leg**a**mus; laudare → laud**e**mini).
Konjunktiv Perfekt Aktiv hat als Modus-Zeichen nach dem Perfektstamm ein **-eri-**
(z. B.: dicere → dix**eri**nt; facere → fec**eri**s),
den **Konjunktiv Perfekt Passiv** erkennst du an PPP + sim, sis, sit usw. (z. B. audire → auditus sis).

 Der **Konjunktiv als Modus im Hauptsatz** macht deutlich, dass der „Sprecher" etwas nicht als wirklich
vorhanden, sondern als gedacht, als gewünscht oder als möglich darstellt.

Der Konjunktiv Präsens im Hauptsatz drückt also einen **Wunsch** oder **Befehl**, eine **Aufforderung**,
eine **Möglichkeit** oder eine **Überlegung** (bzw. einen **Zweifel**) aus. Welche Verwendung vorliegt,
kannst du an der angesprochenen Person, am Satzzeichen oder am Kontext der Aussage erkennen.

Fachbegriff/Bedeutung	Person	Beispiel	Übersetzung
Optativ/Wunsch	meistens 2. Sg./Pl.	Epistulam scrib**a**s!	**Hoffentlich** schreibst du einen Brief! / Schreib doch **bitte einen Brief!**
		Mox red**ea**tis/red**ea**nt!	**Hoffentlich** kommt ihr bald zurück / kommen sie bald zurück.
Jussiv/Aufforderung/ Befehl	in der Regel 3. Sg./Pl.	Vid**ea**nt consules, ne ...!	Die Konsuln **sollen** dafür sorgen, dass ...!
		Domum red**ea**t!	Er **soll/möge** nach Hause zurückkehren!
		Fiat lux!	Es **werde** Licht!
Hortativ/Aufforderung	nur 1. Pl.	Eamus!	**Lasst uns** gehen!
		Vinum bib**a**mus!	**Lasst uns** den Wein trinken!
Potentialis/Möglichkeit	1., 2., 3. Person *(selten im Plural)*	Multa dic**a**m.	Ich **könnte** vieles sagen.
		Quis hoc dubit**e**t?	Wer **könnte** dies bezweifeln?
Deliberativ/ Überlegung/Zweifel	in der Regel 1. Sg./Pl.	Quid faci**a**m?	Was **soll** ich tun?
		Scrib**a**m epistulam?	**Soll ich** einen Brief schreiben?
		Quo e**a**mus?	Wohin **sollen** wir gehen?

 Der **Konjunktiv Perfekt** zusammen mit **ne** drückt ein **Verbot** (einen „verneinten Befehl" / **Prohibitiv**) aus, z. B.:

Ne ven**eri**s!   Komm nicht!   **Ne** hic lus**eri**tis!   Spielt hier nicht!
Ne hoc fec**eri**s!   Tu das nicht!   **Ne** abi**eri**tis!   Geht nicht weg!

WS

salvus _____	sors _____
redire _____	desinere _____
vincere _____	petere _____
putare _____	fugere _____
rex _____	pati _____

★V 1 Eine der vier Formen steht jeweils im Konjunktiv Präsens oder Perfekt. Markiere sie und kreuze an, um welche Konjunktivform es sich handelt.

	Konjunktiv Präsens		Konjunktiv Perfekt	
	Akt.	Pass.	Akt.	Pass.
<u>moveatur</u> – movit – movebatur – movebit		✗		
1. pressi estis – premebamini – presseritis – premetis				
2. facio – feceram – feci – faciam				
3. dantur – dentur – dederunt – dedero				
4. dictum est – dictum sit – dicetur – dicitur				
5. aderatis – adestis – adfueritis – aderitis				
6. velit – voluit – volet – vult				
7. mitto – misi – mittar – mittebam				
8. potes – possis – potueras – potuisti				

★V 2 **a** Trage die Begriffe, Beispiele und Übersetzungen aus dem Kasten unten an richtiger Stelle in die Tabelle ein.

Fachbegriff	Bedeutung	Beispiel	Übersetzung
	Überlegung/ Zweifel		
	Aufforderung		
	Wunsch		
	Aufforderung/ Befehl		
	Möglichkeit		

Fachbegriffe:	Optativ – Potentialis – Deliberativ – Jussiv – Hortativ
lat. Beispiele:	Epistulam scribat! – Scribam epistulam? – Epistulam scribas! – Epistulam scribas. – Scribamus epistulam!
Übersetzungen:	Lasst uns einen Brief schreiben! – Er soll einen Brief schreiben! – Soll ich einen Brief schreiben? – Du könntest einen Brief schreiben. – Schreibe doch (bitte) einen Brief!

b Übersetze den **optativen** Konjunktiv („hoffentlich", „doch bitte").

1. Viam inveniatis! _____

2. Salvus redeas! _____

3. Meliores vincant! _____

4. Di (Dei) vos semper protegant! _____

c Übersetze den **jussiven** Konjunktiv („sollen", „mögen").

1. Cives urbem defendant! _____

2. Milites castra relinquant! _____

3. Fortiter pugnetur! _____

4. Labores perferantur! _____

d Übersetze den **hortativen** Konjunktiv („lasst uns").

1. Redeamus domum! _____

2. Finiamus pugnam! _____

3. Deliberemus! _____

4. Vivamus atque amemus! _____

e Übersetze den **potentialen** Konjunktiv („könnten", „dürften").

1. Tibi adesse possim. _____

2. Id facile intellegas. _____

3. Imperator hostes vincat. _____

4. Respondeam, sed nolo. _____

f Übersetze den **deliberativen** Konjunktiv („sollen").

1. Amico adsimus? _____

2. Quid de hac re putem? _____

3. Ex urbe fugiam an hic maneam? _____

4. Quid respondeam? _____

a Ordne dem Befehl das Verbot zu, indem du die fehlende Konjunktivform aus dem Kasten auswählst, und übersetze das Verbot.

> tetigeris/~~tangatis~~ – rogavistis/rogaveritis – timueris/timuistis –
> credideris/credidisti – reliqueritis/relinquitis – respicis/respexeris

1. Me tange!	Ne me *tetigeris*	!	*Rühr mich nicht an!*
2. Me rogate!	Ne me	!	
3. Eum time!	Ne eum	!	
4. Mihi crede!	Ne mihi	!	
5. Nos relinquite!	Ne nos	!	
6. Alios respice!	Ne alios	!	

b Schreibe die Infinitive dazu, von denen die Formen im Konjunktiv Perfekt stammen, und übersetze die Verbote.

1. Ne nos deserueritis! _____ _____

2. Ne dubitaveritis! _____ _____

3. Ne me pepuleris! _____ _____

4. Ne praecepta neglexeris! _____ _____

5. Ne libertatem petere desieritis! _____ _____

6. Ne ex urbe fugeris! _____ _____

c Nenne jeweils die Bedeutung des Konjunktivs im Hauptsatz (s. V2) und übersetze.

1. Consul ad senatores: „Quid nunc faciamus? Quid consilii capiam?" _____

_____

2. Pellamus hodie regem ex urbe! _____

_____

3. Ne regem ex urbe pepuleritis! _____

_____

4. Rex urbem statim relinquat! _____

_____

5. Urbs Roma per omnia saecula stet! _____

_____

★V4 Semideponentien **erkennen**, **bilden** und **übersetzen**

★V5 alle Formen des Verbs **fieri** **erkennen**, **bilden** und **übersetzen**

★V4 **Semideponentien** sind Verben, die einen Teil ihrer Formen aktivisch, einen anderen Teil passivisch bilden.
Semideponentien werden wie Deponentien immer **aktivisch übersetzt**.
Es gibt nur sehr wenige Semideponentien.

Aktiv-Formen – aktivische Bedeutung in Präsens, Imperfekt, Futur I		Passiv-Formen – aktivische Bedeutung in Perfekt, Plusquamperfekt, Futur II
Infinitiv	1. Sg. Präsens	1. Sg. Perfekt
audere – wagen	**audeo** – ich wage	**ausus sum** – ich habe gewagt
gaudere – sich freuen	**gaudeo** – ich freue mich	**gavisus sum** – ich habe mich gefreut
solere – gewohnt sein	**soleo** – ich bin gewohnt	**solitus sum** – ich bin gewohnt gewesen
confidere – vertrauen	**confido** – ich vertraue	**confisus sum** – ich habe vertraut

Passiv-Formen – aktivische Bedeutung in Präsens, Imperfekt, Futur I		Aktiv-Formen – aktivische Bedeutung in Perfekt, Plusquamperfekt, Futur II
reverti – zurückkehren	**revertor** – ich kehre zurück	**reverti** – ich bin zurückgekehrt

★V5 Das Verb **fieri** bedeutet „geschehen", „werden" und – als Passiv von facere – „gemacht werden".

Von fieri gibt es eigene Formen nur im Präsens, Imperfekt und Futur I.
Perfekt, Plusquamperfekt und Futur II sind wie das Passiv von facere mit dem PPP factus gebildet.

Die Stammformen lauten: fieri, fio, factus sum.

Präsens			Konjunktiv	Futur I	
Indikativ					
fio	ich werde		fiam	fiam	ich werde werden
fis	du wirst		fias	fies	du wirst werden
fit	er/sie/es wird, es geschieht / er/sie/es wird gemacht		fiat	fiet	er/sie/es wird werden, es wird geschehen / gemacht werden
fimus	wir werden		fiamus	fiemus	wir werden werden
fitis	ihr werdet		fiatis	fietis	ihr werdet werden
fiunt	sie werden, geschehen / sie werden gemacht		fiant	fient	sie werden werden / werden geschehen / werden gemacht werden

Imperfekt		Konjunktiv
Indikativ		
fiebam	ich wurde	fierem
fiebas	du wurdest	fieres
fiebat	er/sie/es wurde, es geschah / er/sie/es wurde gemacht	fieret
fiebamus	wir wurden	fieremus
fiebatis	ihr wurdet	fieretis
fiebant	sie wurden/geschahen / sie wurden gemacht	fierent

WS

confidere	_____	gaudere	_____
fieri	_____	loqui	_____
reverti	_____	sequi	_____
proficisci	_____	audere	_____
solere	_____	amittere	_____

★V4

a Ergänze die Sätze.

> Deponentien sind Verben, die nur _____ Formen bilden,
>
> aber _____ übersetzt werden. Semideponentien sind Verben,
>
> die teils _____, teils _____ Formen bilden
>
> und immer _____ übersetzt werden.

b Notiere zu der Form im Passiv den Infinitiv des Verbs und entscheide, ob es sich um ein Deponens, ein Semideponens oder um ein „normales" Verb handelt.

	Infinitiv	Deponens	Semideponens	„normales" Verb
revertisti	*reverti*		✗	
ausus sum				
proficiscimini				
praelata sunt				
solebat				
loquimur				
amisisti				
confidemus				

c Präge dir die fünf Semideponentien genau ein; ergänze dann die Stammformen.

Infinitiv	1. Sg. Präs.	1. Sg. Perf.	dt. Bedeutung
	audeo		
gaudere			
		solitus sum	
	confido		
aber: reverti		PPP:	zurückkehren

d Nur eine der drei Übersetzungen ist richtig. Streiche die falschen durch.

confisus sum	ich vertraue	ich werde vertrauen	ich habe vertraut
audebitis	ihr werdet wagen	ihr wagtet	ihr habt gewagt
solebamus	wir sind gewohnt	wir hatten gewohnt	wir waren gewohnt
solita est	sie wird pflegen	sie ist gewohnt gewesen	es ist gewöhnlich
gavisi erant	sie sind erfreut	sie hatten sich gefreut	sie werden erfreut
confidemus	wir haben vertraut	wir vertrauten	wir werden vertrauen

e Ordne die Übersetzungen im Kasten richtig zu.

er/sie/es kehrt zurück – er/sie/es ist zurückgekehrt – er/sie/es wird zurückkehren

er/sie/es war zurückgekehrt – er/sie/es kehrte zurück – er/sie/es wird zurückgekehrt sein

revertitur _____   revertebatur _____

reverterat _____   revertit _____

revertetur _____   reverterit _____

f Übersetze die folgenden Formen von Semideponentien.

revertisti _____   gaudebitis _____

soliti erant _____   gavisae eratis _____

audebat _____   ausus es _____

reverti _____   reverterunt _____

confisi sumus _____   solet _____

g Hier findest du Formen von „normalen" Verben, Deponentien und Semideponentien.

Unterstreiche in verschiedenen Farben:
- alle Verbformen in der 3. Sg.,
- alle Verbformen im Futur I,
- alle Verbformen im „echten Passiv" (die auch passivisch übersetzt werden).

intellegit – invaserunt – movisse – rapient – tacebam – pulsi sumus – iubent – negavit –

pugnatum est – surrexisse – laesi erant – tenebitur – patimur – gaudebo – ausus erat – victi erint –

fuit – interrogati sumus – adest – fugi – damnabitur – carent – audiam – aderam – egerunt –

mutabor – proficiscimur – revertit – moriemini – lata sunt – respondebo – ieras – depositum est –

recitatur – tradita erant – trahebamur – dabit

★V5 a Konjugiere fieri im Präsens.

1. Sg.		1. Pl.	
2. Sg.		2. Pl.	
3. Sg.		3. Pl.	

b Ordne die Übersetzungen den Formen von fieri zu.

sie waren geschehen – es ist geschehen – du wirst werden – sie werden – ihr wurdet – sie werden geschehen

fiebatis – _____   fies – _____

factum est – _____   fiunt – _____

fient – _____   facta erant – _____

c In den Sprichwörtern und Redewendungen fehlen die Formen von fieri und facere. Unterstreiche zunächst ihre deutsche Entsprechung in den Übersetzungen, wähle dann die richtige aus und setze sie ein.

fieri – ~~feceris~~ – fiunt – fieri – factum est – fit – faciunt – fieri – fiat

1. Aliis ne _feceris_____,

   quod tibi _____ (Inf.) non vis.

Tue anderen nicht das (an), von dem du nicht willst, dass es dir geschieht!

2. Ita voluerunt, ita _____.

So haben sie es gewollt, so ist es gemacht worden.

3. _____ lux!

Es werde Licht!

4. In manu illius plumbum aurum _____.

In seiner Hand wird Blei zu Gold.

5. Duo cum _____ idem, non est idem.

Wenn zwei das Gleiche tun, ist es nicht (unbedingt) das Gleiche.

6. Nascuntur poetae[1], _____ oratores.

Dichter werden geboren, Redner werden (durch Ausbildung dazu) gemacht.

7. Dives qui _____ vult,

   et cito vult _____.

Wer reich werden will, will auch, dass es schnell geschieht.

N1 das Demonstrativ-Pronomen idem, eadem, idem **erkennen** und **übersetzen**

★N2 das Indefinit-Pronomen aliquis/aliqui **erkennen** und **übersetzen**

 Das **Demonstrativ-Pronomen idem, eadem, idem** bedeutet „derselbe, dieselbe, dasselbe"
und ist zusammengesetzt aus dem Pronomen **is, ea, id** und der **Nachsilbe -dem**, z. B.: eos + -dem.
Nur in wenigen Formen gibt es bei der Zusammensetzung kleine Veränderungen.

Pronomen is, ea, id

	Singular			Plural		
Nom.	is	ea	id	ii (ei)	eae	ea
Gen.	eius	eius	eius	eorum	earum	eorum
Dat.	ei	ei	ei	eis (iis)	eis (iis)	eis (iis)
Akk.	eum	eam	id	eos	eas	ea
Abl.	eo	ea	eo	eis (iis)	eis (iis)	eis (iis)

Demonstrativ-Pronomen idem, eadem, idem

	Singular			Plural		
Nom.	idem	eadem	idem	iidem	eaedem	eadem
Gen.	eiusdem	eiusdem	eiusdem	eorundem	earundem	eorundem
Dat.	eidem	eidem	eidem	eisdem	eisdem	eisdem
Akk.	eundem	eandem	idem	eosdem	easdem	eadem
Abl.	eodem	eadem	eodem	eisdem	eisdem	eisdem

Das Demonstrativ-Pronomen idem, eadem, idem kongruiert mit einem Substantiv oder tritt alleine in
Neutrum-Formen auf.

Amici **easdem** res cupiunt.   Freunde wünschen **dieselben** Dinge.
Idem/Eadem cupio.   Ich wünsche dasselbe.

 Das **Indefinit-Pronomen aliquis, aliquid** ist substantivisch verwendet
und bedeutet „irgendjemand, irgendetwas".
Es ist zusammengesetzt aus der Vorsilbe **ali-** und **den Formen des
Interrogativ-Pronomens quis, quid**.

Nom.	aliquis/aliquid
Gen.	alicuius
Dat.	alicui
Akk.	aliquem/aliquid
Abl.	(cum) aliquo

Das **Indefinit-Pronomen aliqui, aliqua, aliquod** ist adjektivisch verwendet und bedeutet „irgendein,
irgendeine, irgendein".
Es ist zusammengesetzt aus der Vorsilbe **ali-** und den **Formen des Relativ-Pronomens qui, quae, quod**.
Anders sind nur die Formen im Nom. Sg. f und Nom., Akk. Pl. n (quae → aliqua).

	Singular			Plural		
Nom.	aliqui	aliqua	aliquod	aliqui	aliquae	aliqua
Gen.	alicuius	alicuius	alicuius	aliquorum	aliquarum	aliquorum
Dat.	alicui	alicui	alicui	aliquibus	aliquibus	aliquibus
Akk.	aliquem	aliquam	aliquod	aliquos	aliquas	aliqua
Abl.	aliquo	aliqua	aliquo	aliquibus	aliquibus	aliquibus

WS

subire _____	iter _____
natus _____	scelus _____
vivere _____	damnare _____
iudex _____	occupatus _____
decipere _____	servare _____

N 1

a Trage die Formen des Pronomens is, ea, id ein.

	Singular			Plural		
Nom.						
Gen.						
Dat.						
Akk.						
Abl.						

b Setze die passenden Formen von is, ea, id als Demonstrativ-Pronomen zu den Substantiven und übersetze.

_____ legem	_____
_____ fur	_____
_____ orationum	_____
ex _____ regionibus	_____
_____ munus	_____
in _____ manu	_____
_____ virgini	_____
_____ nocte	_____
_____ regis causa	_____
de _____ libro	_____
_____ pontem	_____
_____ liberos	_____
_____ crimina	_____

c Setze die passenden Formen von idem, eadem, idem zu diesen Substantiven und übersetze.

_____ aetate   _____

_____ curam   _____

_____ iura   _____

_____ sorti   _____

_____ diebus   _____

d Wähle die passenden Formen von idem, eadem, idem aus, setze sie ein und übersetze die Sätze.

TIPP: Achte genau auf die Form des Substantivs, bei dem das Demonstrativ-Pronomen steht.

Ein Herz und eine Seele – Marcus stimmt mit seinem Freund in allem überein

1. _____*Easdem*_____ res cupit.

_____

2. In _____ urbe vivit.

_____

3. In _____ insulam navigavit.

_____

4. _____ pericula subiit.

_____

5. _____ die natus est.

_____

6. _____ deos et _____ deas colit.

_____

7. _____ librum iterum atque iterum legit.

_____

8. _____ scelus fecerunt.

_____

9. Ab _____ iudice damnatus est.

_____

idem

eadem

eadem

eundem

eandem

eodem

eodem

~~easdem~~

easdem

eosdem

a Trage die Formen des Relativ-Pronomens qui, quae, quod ein.

	Singular			Plural		
Nom.						
Gen.						
Dat.						
Akk.						
Abl.						

b Unterstreiche das Indefinit-Pronomen und – wenn es adjektivisch verwendet ist – sein Bezugswort. Bestimme den Kasus und übersetze.

<u>Aliquem</u> domum invadere video. *Akk. Sg.*   *Ich sehe irgendjemanden in das Haus eindringen.*

1. Aliquid omisisti. _____

_____

2. Aliqua praecepta nobis data sunt. _____

_____

3. Ab aliquibus viris decepti sumus. _____

_____

4. Aliqui deus me servet! _____

_____

5. In itinere ad aliquod oppidum venimus. _____

_____

6. Scelere alicuius hominis cives magno in periculo fuerunt. _____

_____

7. Amicus aliqua re occupatus est. _____

_____

8. Stultum est alicui fidem habere. _____

_____

9. Praemio alicui studebat. _____

_____

Ü3 Strategie beim **Übersetzen eines Textes**

> 1. **Lies den Text ganz** und **in Ruhe** durch, vom ersten bis zum letzten Wort.
> 2. Suche vor dem Übersetzen heraus:
>   **Welche Personen** kommen vor? Welche davon sind die **handelnden Personen**? Wo spielt die Geschichte?
>   **Ermittle das Thema des Textes**, indem du auf **Schlüsselwörter** achtest, z. B. auf Sachfelder oder mehrfach
>   auftretende Wörter.
> 3. **Ermittle Handlungsschritte**, indem du auf besondere Kennzeichen achtest, z. B. auf die **Abfolge**
>   **der Personen:** Wer handelt in diesem Textabschnitt, wer in dem folgenden?
> 4. **Übersetze** nun Satz für Satz. **Prüfe** am Ende genau, ob du ein Wort oder einen Satz übersehen hast,
>   und gib dich erst zufrieden, wenn deine gesamte Übersetzung eine sinnvolle Aussage ergibt.

<u>Hercules und Cacus</u> *(nach Vergil)*

Lange vor der Gründung Roms soll sich folgende Geschichte zugetragen haben:

1 Auctores Romanorum tradiderunt Herculem, Iovis filium,

2 cum grege[1] boum[2] ad Tiberim venisse et ibi quievisse.

3 In eis locis Cacus vixit, monstrum[3] ingentibus viribus corporis,

4 cui pater Vulcanus erat. Hercule dormiente ille

5 appropinquavit. Cum boves[2] pulchros vidisset, eos rapere

6 constituit. Quod ut perficeret, dolum adhibuit: Nonnullos boves[2]

7 cauda[4] in speluncam[5] suam traxit, ut Hercules boves[2]

8 amissos quaerens putaret eos e spelunca[5] exisse, non inisse.

9 Hercules e somno excitatus statim vidit nonnullos boves[2]

10 abesse et discessit, ut eos quaereret. Sed boves[2] in

11 spelunca[5] in-clusos non invenisset, nisi ii, cum dominum

12 prope[6] speluncam[5] esse sentirent, mugivissent[7].

13 Vocibus eorum auditis Hercules speluncam[5] petivit.

14 Caco monstro[3] acriter pugnante Hercules victor discessit et fure

15 interfecto boves[2] suos reduxit.

---

1 **grex, gregis:** die Herde (Vieh) 2 **bos, bovis,** Gen. Pl.: **boum:** das Rind 3 **monstrum:** das Ungeheuer, „Monster"
4 **cauda:** Schwanz 5 **spelunca:** Höhle 6 **prope** *(+ Akk.)*: in der Nähe von 7 **mugire, mugio, mugivi, mugitum:** brüllen

Eigennamen im Text: **Hercules, -is** m: Herkules **Iovis:** *Gen. zu Iuppiter* **Tiber, -is** m: der (Fluss) Tiber
Cacus, -i m: Cacus *(Eigenname)* **Vulcanus:** *röm. Gott des Feuers*

1. Hast du den Text von Anfang bis Ende durchgelesen?   Ja ☐

2. Ermittle die handelnden Personen und mithilfe von Schlüsselwörtern das Thema des Textes.

Personen: _____

Schlüsselwörter: _____

Im Zusammenhang mit Überschrift und Einleitung kannst du das **Thema** des Textes benennen:

_____

_____

3. Gehe Satz für Satz durch und stelle fest, wer jeweils die handelnde Person ist. Achte auf die Verbform und ermittle, ob ein Subjekt dazu in einem eigenen Wort (Name, Substantiv, Pronomen) genannt ist. Notiere die Person am Rand.

4. Übersetze Satz für Satz und wende dabei Übersetzungsstrategien an.
Beispiel Satz Z. 1–2:
Subjekt: Die Schriftsteller   *Prädikat*: sie haben überliefert →   *Was haben sie überliefert?* →
       ↓   ↓   [AcI Herculem … venisse et … quievisse]

Auctores Romanorum   tradiderunt [Herculem, Iovis filium, | cum grege boum |
                                              ad Tiberim | venisse et ibi quievisse].

…, dass Hercules … gekommen sei und … geruht habe.
       Wohin ist er gekommen? → ad Tiberim; *Mit wem* ist er gekommen? → cum grege boum;
       Wo hat er sich ausgeruht? → ibi

Die Schriftsteller der Römer haben überliefert, dass Herkules, der Sohn des Jupiter, mit einer Herde von Rindern zum Tiber gekommen sei und sich dort ausgeruht habe.

_____

_____

_____

_____

_____

_____

_____

_____

_____

_____

→ Prüfe deine Übersetzung: Kein Wort übersehen? Sinnvolle Aussagen in den Sätzen und insgesamt?

N1 das Demonstrativ-Pronomen ipse, ipsa, ipsum **erkennen** und **übersetzen**

★**N2** das Indefinit-Pronomen quidam, quaedam, quoddam **erkennen** und **übersetzen**

 N1 Das **Demonstrativ-Pronomen ipse, ipsa, ipsum** bedeutet „**selbst, persönlich**".

	Singular			Plural		
Nom.	ipse	ipsa	ipsum	ipsi	ipsae	ipsa
Gen.	ipsius	ipsius	ipsius	ipsorum	ipsarum	ipsorum
Dat.	ipsi	ipsi	ipsi	ipsis	ipsis	ipsis
Akk.	ipsum	ipsam	ipsum	ipsos	ipsas	ipsa
Abl.	ipso	ipsa	ipso	ipsis	ipsis	ipsis

Das Demonstrativ-Pronomen ipse tritt alleine oder in Kongruenz mit einem Substantiv auf.

Ipse fecit.   Er selbst/persönlich hat es getan.
Eo ipso tempore consul fugit.   Gerade zu diesem Zeitpunkt / Genau zu dieser Zeit floh der Konsul.

★**N2** Das **Indefinit-Pronomen quidam, quaedam, quoddam** bedeutet „**ein (gewisser), eine (gewisse), ein (gewisses)**".
Es ist zusammengesetzt aus **den Formen des Relativ-Pronomens qui, quae, quod** und der **Nachsilbe -dam**. Nur bei den Formen des Relativ-Pronomens auf -m gibt es die kleine Veränderung, dass aus dem -m ein -n wird, z. B. quem → quendam.

	Singular			Plural		
Nom.	quidam	quaedam	quoddam	quidam	quaedam	quaedam
Gen.	cuiusdam	cuiusdam	cuiusdam	quorundam	quarundam	quorundam
Dat.	cuidam	cuidam	cuidam	quibusdam	quibusdam	quibusdam
Akk.	quendam	quandam	quoddam	quosdam	quasdam	quaedam
Abl.	quodam	quadam	quodam	quibusdam	quibusdam	quibusdam

Das Indefinit-Pronomen quidam, quaedam, quoddam steht für eine Person oder Sache, die man nicht genauer bezeichnen kann oder will.

Marcus quidam consulem   Ein (gewisser) Marcus hat den Konsul aus der Gefahr gerettet.
e periculo servavit.

Quaedam res mihi non placent.   Gewisse/Bestimmte Dinge gefallen mir nicht.

WS

pax _____	convenire _____
condere _____	mensis _____
nemo _____	saepe _____
incipere _____	reus _____
decedere _____	se recipere _____

N 1

a Trage die Formen des Pronomens ipsa, ipsa, ipsum ein.

	Singular			Plural		
Nom.						
Gen.						
Dat.						
Akk.						
Abl.						

b Ordne den Substantivformen die passenden Formen von ipse, ipsa, ipsum zu und übersetze.

> ipsa – ipsius – ipsi – ipsum – ipsum – ipsam – ipso – ipsae – ipsa – ipsorum – ipsos – ipsis

pastorem _____ _____

in _____ sermone _____

nationes _____ _____

praecepta _____ _____

ex _____ regionibus _____

maiorum _____ _____

crimen _____ _____

iuveni _____ _____

regis _____ _____

mulierem _____ _____

amicos _____ _____

scelera _____ _____

c Unterstreiche die Form von ipse und das zugehörige Bezugswort.
Überlege für die Übersetzung einen passenden Ausdruck.

1. Imperator milites in castra reduxit. Ipse ducem hostium convenit, ut de pace ageret.

_____

_____

_____

2. Quarto anni mense urbem Romam conditam esse legimus.

 Nonne eo ipso mense Caesar interfectus est?

_____

_____

_____

3. Seneca philosophus[1] neminem ad servitutem natum esse scribit.

 Id ipsum etiam alii saepe dixerunt.

_____

_____

_____

4. Patronus orationem rei defendendi causa habere incipit.

 Reus autem eum tacere iubet, nam se ipse defendere vult.

_____

_____

_____

5. Quamquam praesidia in moenibus posita erant, milites hostium ad ipsos muros urbis successerunt.

_____

_____

_____

6. Didonem reginam per se ipsam de vita decessisse in opere a Vergilio scripto legimus.

_____

_____

_____

★N2 **a** Trage zur Wiederholung die Formen des Relativ-Pronomens qui, quae, quod ein.

	Singular			Plural		
Nom.						
Gen.						
Dat.						
Akk.						
Abl.						

b Ordne den Substantivformen die passenden Formen von quidam, quaedam, quoddam zu und übersetze.

> quidam – quoddam – quendam – quandam – quadam – quidam – quosdam – quibusdam

virum _____   _____

patronos _____   _____

_____ hora   _____

rex _____   _____

de _____ rebus   _____

famam _____   _____

comites _____   _____

scelus _____   _____

c Unterstreiche die Formen von quidam, quaedam, quoddam und das zugehörige Bezugswort und übersetze die Sätze.

1. Patri meo erant quidam libri, quos iterum atque iterum legit.

_____

_____

2. Imperatori nuntiatum est quosdam milites e pugna decessisse et in castra se recepisse.

_____

_____

3. Quibusdam saeculis praeteritis cunctos homines malis rebus carentes vitam beatam egisse maiores narrant.

_____

_____

V 1 Infinitive **erkennen** und **unterscheiden**

V 1 Der Infinitiv ist die Grundform. Er hat kein Person-Zeichen, bezeichnet also keine Person.

Überblick über die Infinitive im Lateinischen:

Infinitiv			Zeitverhältnis	Beispiele
Präsens	Aktiv	Präsensstamm + -(e)re	gleichzeitig	amare, mittere
	Passiv	+ -ri/-i		amari, mitti
Perfekt	Aktiv	Perfektstamm + -isse	vorzeitig	amavisse, misisse
	Passiv	PPP und esse		amatum esse, missum esse
Futur	Aktiv	PFA und esse	nachzeitig	amaturum esse, missurum esse

Beispiele aus den Konjugationen:

Infinitiv		a-Konj.	e-Konj.	i-Konj.	Kons. Konj.	kurzvok. i-Konj.
Präsens	Aktiv	rogare	movere	audire	emere	capere
	Passiv	rogari	moveri	audiri	emi	capi
Perfekt	Aktiv	rogavisse	movisse	audivisse	emisse	cepisse
	Passiv	rogatum esse	motum esse	auditum esse	emptum esse	captum esse
Futur	Aktiv	rogaturum esse	moturum esse	auditurum esse	empturum esse	capturum esse

★ Deponentien: Es gibt nur die Formen im Passiv, mit aktivischer Bedeutung.

Infinitiv	a-Konj.	e-Konj.	i-Konj.	Kons. Konj.	kurzvok. i-Konj.
Präsens	conari	vereri	potiri	loqui	pati
Perfekt	conatum esse	veritum esse	potitum esse	locutum esse	passum esse
Futur	conaturum esse	veriturum esse	potiturum esse	locuturum esse	passurum esse

Unregelmäßige Verben: Nicht alle haben alle Infinitive.

Infinitiv						
Präsens	Aktiv	esse	posse	ire	velle	facere
	Passiv	–	–	iri	–	fieri
Perfekt	Aktiv	fuisse	potuisse	isse	voluisse	fecisse
	Passiv	–	–	itum esse	–	factum esse
Futur	Aktiv	futurum esse / (fore)	–	iturum esse	–	facturum esse

Das Partizip Perfekt im Infinitiv Perfekt (z. B. motum, ★ locutum) und
das Partizip Futur im Infinitiv Futur (z. B.: moturum, ★ locuturum)
sind hier im Neutrum angegeben.
Im Satz kongruieren die Partizipien mit ihrem Bezugswort und nehmen entsprechend Kasus,
Numerus und Genus an (z. B.: motam esse, ★ locuturos esse).

a Nenne zu den Verbformen den Infinitiv Präsens.

protexit	*protegere*
munita sunt	
ducor	
fuit	
laesus es	
pulsi sumus	

stabat	
crediderant	
factum erat	
vult	
abeunt	

b Im Folgenden sind 20 Infinitive mit anderen Formen gemischt. Unterstreiche die Infinitive und markiere mit drei verschiedenen Farben die Zeitstufen Perfekt, Präsens bzw. Futur.

interrogavisse – invenissem – humanitatis – trahi – relaturos esse – invitare – ruptum esse –

furoris – invita – necari – mandatos esse – intra – amari – moturi esse – abire – morti – interitus –

interesse – fuisse – fefelli – transiturum esse – dimissas esse – dedisse – condidisse –

inventurum esse – mitti – itinere – mandatis – factura esse – vocamini – appellari

c Trage ein, welches Zeitverhältnis die Infinitive angeben.

Infinitiv	Präsens Akt./Pass.	Perfekt Akt./Pass.	Fut. Akt.
Zeitverhältnis			

d Trage die fehlenden Infinitive ein.

Präsens Aktiv	Präsens Passiv	Perfekt Aktiv	Perfekt Passiv	Futur Aktiv
superare				superaturum esse
	vinci		victum esse	
		cepisse		
			visum esse	
	agi			acturum esse

★ e Trage die fehlenden Infinitive der Deponentien ein.

Präsens	Perfekt	Futur
arbitrari		
	aggressum esse	
		secuturum esse

S1 Verwendung des Infinitivs **erkennen** und **unterscheiden**

S2 AcI (Akkusativ mit Infinitiv) **erkennen** und **übersetzen**

S1 Infinitiv als Subjekt oder Objekt

a) Der Infinitiv kann ein **Satzglied** sein:

Subjekt:	**Hic liber** mihi placet, **legere** mihi placet.	→ WER/WAS gefällt mir?
	Dieses Buch gefällt mir, **lesen** gefällt mir.	
Objekt:	**Librum** emo, nam **legere** volo.	→ WEN/WAS will ich?
	Ich kaufe **ein Buch**, denn ich will **lesen**.	

b) Der Infinitiv kann der **Prädikatsinfinitiv im AcI** sein:

Sacerdotes deos preces hominum **audire** dicunt.

Die Priester sagen, dass die Götter die Bitten der Menschen hören.

c) Der Infinitiv kann der **Prädikatsinfinitiv im ★ NcI** sein:

Dei preces hominum **audire** dicuntur.

Man sagt, dass die Götter die Bitten der Menschen **hören**.

S2 Strategie zum Erkennen des AcI:

Drei „Spuren" müssen vorhanden sein: 1 Prädikatsinfinitiv; 2 Subjektsakkusativ; 3 „AcI-Verb" („Kopfverb")

Spur 1: Einen **Infinitiv** erkennst du an seiner Form (s. **V1**).

Spur 2: Ein Nomen im **Akkusativ** erkennst du an seiner Endung:

	o-Dekl.		a-Dekl.	Konsonantische Dekl.		e-Dekl.	u-Dekl.
	m	n		m/f	n		
Sg.	**-um**	**-um**	**-am**	**-em**	*(wie Nom.)*	**-em**	**-um**
Pl.	**-os**	**-a**	**-as**	**-es**	*(wie Nom.)*	**-es**	**-us**

Auch ein Pronomen kann Subjektsakkusativ sein, besonders das Personal-Pronomen:

1. Sg.	2. Sg.	3. Sg.	1. Pl.	2. Pl.	3. Pl.
me	**te**	**se; eum/eam/id**	**nos**	**vos**	**se; eos/eas/ea**

Spur 3: Verben, von denen ein AcI abhängen kann („AcI-Verben"), sind Verben
des Sagens, Meinens, Wahrnehmens usw.:

> animadvertere – apparere (apparet) – arbitrari – aspicere – audire –
> censere – cernere – clamare – cognoscere – comperire – confirmare –
> conspicere – constituere – contendere – credere – dicere – docere –
> existimare – gaudere – ignorare – instituere – intellegere – interrogare –
> iubere – iudicare – iurare – legere – loqui – narrare – negare – nescire –
> nuntiare – ostendere – placere – promittere – putare – respondere – scire –
> scribere – sentire – simulare – sinere – sperare – statuere – tradere – videre

Übe diese Verben als Vokabelliste (mit Stammformen und deutscher Bedeutung). Achtung: Diese „AcI-Verben" („Kopfverben") stehen meist am Ende des Satzes, nach dem AcI.

Strategie zum Übersetzen des AcI:

1. Unterstreiche Prädikatsinfinitiv und Subjektsakkusativ.
2. Setze eine Klammer um den gesamten AcI.
3. Stelle fest, um welche Infinitivform es sich handelt.

Inf. Fut. Akt. → aktiv, nachzeitig

Bsp.: Senator [consulem hodie venturum non esse] dixit.

Spur 1	Infinitiv	venturum esse	*ergeben zusammen Sinn:*
Spur 2	Akkusativ	consulem	der Konsul wird ... kommen
Spur 3	AcI-Verb	dixit	*WAS sagte er?* → ... dass der Konsul ... nicht kommen werde.

S1 Infinitiv als Subjekt/Objekt oder im AcI oder im NcI?
Entscheide und kreuze an.

TIPP: Achte auf die Prädikate und die „Spuren".

	Subj./Obj.	AcI	★ NcI
1. Nautae piratas navem invadere viderunt.			
2. Nautae navem defendere studebant.			
3. Piratae homines abducere dicuntur.			
4. Nautae navem a militibus defendi sperabant.			

S2 **a** Kreise alle „AcI-Verben" ein.

mittere – scribere – scire – sentire – vincere – promittere –

narrare – comperire – fugere – credere – surgere – sumere –

nescire – agere – ostendere – pellere – intellegere – nuntiare

TIPP: Überlege, ob im Deutschen danach ein „dass-Satz" stehen kann.

b Markiere in den Sätzen die drei „Spuren" mit verschiedenen Farben:
1 Prädikats<u>infinitiv</u>   2 Subjekts<u>akkusativ</u>   3 „AcI-Verb"

1. Senatores cives Romanos a piratis captos esse cognoverunt.
2. Statim consul exercitum contra piratas mitti confirmavit.
3. Senatores milites cives e manibus piratarum liberaturos esse sperabant.
4. Piratis nuntiatum est exercitum a senatu Romanorum missum esse.

c Wende auf die Sätze unter **S2** b die Übersetzungsstrategie an:
Setze die Klammer um den AcI, stelle fest, um welchen Infinitiv es sich handelt, und übersetze.

1. _____

_____

2. _____

_____

3. _____

_____

4. _____

_____

d Achte auf das Personal-Pronomen als Subjektsakkusativ und übersetze.

1. Consul se piratas pulsurum esse promittit. _____

_____

2. Cives eum piratas superaturum esse sperant. _____

_____

3. Cives se a consule liberatos esse narrant. _____

_____

Partizipien **erkennen** und **unterscheiden**

V 1 Das Partizip ist eine vom Verb aus gebildete Nominalform.
Im Deutschen gibt es zwei Partizipien: Partizip I, z. B.: rufend; Partizip II, z. B.: gerufen.

Übersicht über die Partizipien im Lateinischen:

Partizip Präsens Aktiv (PPA) → Zeitverhältnis: gleichzeitig
Form: Präsensstamm + *(Sprechvokal)* + **-ns**, Gen. Sg.: **-ntis**
Das PPA wird wie ein Nomen der Kons. Dekl. dekliniert.

vocans (rufend, der Rufende)					
Singular			Plural		
m	f	n	m	f	n
Nom.	vocans			vocantes		vocantia
Gen.	vocantis			vocantium		
Dat.	vocanti			vocantibus		
Akk.	vocantem		vocans	vocantes		vocantia
Abl.	vocante			vocantibus		

Partizip Perfekt Passiv (PPP) → Zeitverhältnis: vorzeitig
Form: Das PPP ist die vierte Stammform eines Verbs, z. B.: vocare, voco, vocavi, voca**tum**.
Es wird wie ein Adjektiv der a-/o-Deklination dekliniert.

vocatus (gerufen, der Gerufene)					
Singular			Plural		
m	f	n	m	f	n
Nom.	vocatus	vocata	vocatum	vocati	vocatae	vocata
Gen.	vocati	vocatae	vocati	vocatorum	vocatarum	vocatorum
Dat.	vocato	vocatae	vocato	vocatis	vocatis	vocatis
Akk.	vocatum	vocatam	vocatum	vocatos	vocatas	vocata
Abl.	vocato	vocata	vocato	vocatis	vocatis	vocatis

Partizip Futur Aktiv (PFA) → Zeitverhältnis: nachzeitig
Form: Das PFA hat das Kennzeichen **-tur-** bzw. **-sur-**, z. B.: voca-**tur**-us, mis-**sur**-us
Es wird wie ein Adjektiv der a-/o-Deklination dekliniert.

vocaturus, -a, -um ("rufen werdend"; einer, der rufen wird)

Verwendung der drei Partizipien am Beispiel amare:

	als substantiviertes/ nominalisiertes Adjektiv	als Teil einer Verbform	als Attribut/Adverbiale (Participium coniunctum)	im Ablativus absolutus
PPA	amans – der Liebende	–	erkennen und übersetzen → 40 **S 1**	
PPP	amatus – der Geliebte	Perfekt Passiv: amatus sum Inf. Perfekt Pass.: amatum esse		
PFA	–	Inf. Futur Akt.: amaturum esse		–

V1 **a** Trage die fehlenden Partizipien ein.

Präsens Aktiv	Perfekt Passiv	Futur Aktiv
	commotus	
vocans		
		rediturus
dicens		
		relaturus
	interfectus	
		cessurus

b Unterstreiche in jeder Reihe das Partizip und schreibe seinen Infinitiv dazu.

Infinitiv

1. adversus – additus – altus – alienus   _____

2. vehementis – ingentis – innocentis – legentis   _____

3. frontem – gentem – pontem – flentem   _____

4. mittis – misi – missis – miseris   _____

5. commovisti – commovi – commoti – communi   _____

6. defendes – desperas – dextras – dedituras   _____

7. puto – portato – postulo – portas   _____

8. gentes – repente – tangentes – clementes   _____

c Trage ein, welches Zeitverhältnis die Partizipien angeben.

Partizip	Präsens Aktiv	Perfekt Passiv	Futur Aktiv
Zeitverhältnis			

d Übersetze die PPA und PPP mit der deutschen Entsprechung.

rogans   rogatus   defendens   defensus

fragend   _____   _____   _verteidigt_

promittens   promissus   trahens   tractus

_____   _____   _____   _____

S1 die Verwendung des Partizips **erkennen** und **unterscheiden**

S2 Particippium coniunctum und Ablativus absolutus **erkennen** und **übersetzen**

S1 1. Das PPP bildet zusammen mit einer Form von esse das **Prädikat (Prädikatsinfinitiv)**.

Invitatus sum.   Ich bin **eingeladen** worden.
Me **invitatum** esse gaudeo.   Ich freue mich, dass ich **eingeladen** worden bin.

2. Die Partizipien können **wie ein Attribut** verwendet sein. Sie sind **mit einem Nomen in KNG-Kongruenz** verbunden und geben eine **Information über das Nomen**.

Urbem *pulchram* / ingentibus moenibus   Er erblickte die *schöne* Stadt / die von gewaltigen Mauern
circumdatam conspexit.   **umgebene** Stadt / die Stadt, die … **umgeben war**.

3. Die Partizipien können **mit einem Nomen in KNG-Kongruenz** verbunden sein und geben eine **Information über das Nomen**; diese Information steht **in Zusammenhang mit der Handlung des Prädikats** (Adverbiale): **Participium coniunctum**.

Asinus saepe **caesus** fugit.   Weil der Esel oft **geschlagen worden war,** lief er weg.

4. PPP und PPA **im Ablativ** können **mit einem Nomen im Ablativ** verbunden sein. Sie bilden zusammen mit diesem Nomen ein **Adverbiale (Ablativus absolutus)**.

Urbe **capta** Aeneas fugit.   **Als die Stadt erobert worden war,** floh Aeneas.

S2 **Erkennen** und **Übersetzen** des **Participium coniunctum** und des **Ablativus absolutus**:

1. Unterstreiche Partizip und Bezugswort.
   Setze eine Klammer um das Partizip und Objekte und Adverbialien, die zu ihm gehören.
2. Übersetze dann zuerst die Wörter außerhalb der Klammer.
   Sie müssen alle zusammen eine sinnvolle Aussage ergeben.
3. Kläre die Form des Partizips und beachte: PPA/PPP im Ablativ → meist Abl. abs.
   PPA → gleichzeitig und aktiv, **PPP** → vorzeitig und passiv, **PFA** → nachzeitig und aktiv.
4. Übersetze die Wörter in der „Partizip-Klammer"; achte dabei auf das Bezugswort.

Übersetzungsmöglichkeiten

(1) mit einem **Gliedsatz**	nur PFA: mit einem **erweiterten Infinitiv**	(2) mit eigenem **Hauptsatz**	(3) mit **präpositionaler Verbindung**
temporal: als, nachdem, *(nur PPA:)* während *kausal:* weil *konzessiv:* obwohl *modal:* indem *(nur PPA)*	*final:* um … zu	*ergänze:* und dann, und daher, und deshalb	*Präposition + Substantiv*

	PPA	PPP	PFA
PC	Remus [muros **transiens**] fratrem irrisit. – Indem Remus die Mauer übersprang, verspottete er seinen Bruder. (1)	Romulus [a fratre **irrisus**] arma cepit. – Romulus war von seinem Bruder verspottet worden und ergriff deshalb die Waffen. (2)	Romulus [fratrem **necaturus**] arma cepit. – Romulus ergriff die Waffen, um seinen Bruder zu töten. (1)
Abl. abs.	[Romulo **imperante**] urbs parva erat. – Unter der Herrschaft des Romulus war die Stadt klein. (3)	[Fratre **interfecto**] Romulus solus rex erat. – Nach der Tötung des Bruders war Romulus alleine König. (3)	

S1 Unterstreiche im Text die Partizipien und benenne ihre Verwendung:

- V Teil einer Verbform (→ Unterstreiche auch die Formen von esse.)
- ATT als Attribut
- PC als Adverbiale: PC
- ABL als Adverbiale im Abl. abs. (→ Unterstreiche auch das Nomen im Ablativ.)

De Arione et delphino[1]

1. Arion, iuvenis propter artem canendi ab omnibus hominibus amatus[ATT], Corinthum, patriam suam, reliquit et Italiam petivit.

2. Ibi ab hospitibus familiariter receptus post nonnullos annos in Graeciam redire constituit.

3. Nave inventa Arion Italiam reliquit et omnem pecuniam arte sua paratam secum ferebat.

4. Sed in alto mari nautae cupiditate pecuniae moti iuvenem oppresserunt.

5. Is se eis omnem pecuniam daturum esse promisit et omni spe vitae deposita dixit:

6. „Vos me interfecturos esse scio. Itaque vos oro, ut carmen canere mihi liceat."

7. Id nautae verba iuvenis ridentes concesserunt.

8. Tum Arion carmen pulcherrimum cecinit – et subito cantans in mare se praecipitavit.

9. Sed Arion non perisse, sed a delphino[1] receptus et servatus esse fertur.

10. Delphinus[1] iuvenem in tergo suo sedentem carminaque canentem ad portum portavit.

11. Hac re mira audita cives Corinthi simulacrum delphini[1] statuere constituerunt.

| **portus, -us** m: der Hafen

S2 Übersetze den Text De Arione et delphino aus **S1**.
Wende bei PC und Abl. abs. die oben erklärte Strategie an.

_____

_____

_____

_____

_____

_____

_____

_____

_____

_____

_____

_____

_____

_____

nd-Formen (Gerundium und Gerundivum) **erkennen** und **unterscheiden**

 Gerundium und Gerundivum **erkennen** und **übersetzen**

Gerundium	Gerundivum
der substantivierte, **deklinierte Infinitiv**	ein vom Verb gebildetes **Adjektiv**
Kennzeichen -nd-	
Bildung: Präsensstamm (+ *Sprechvokal*) + nd +	
Kasus-Zeichen der o-Dekl. Sg.	Kasus-Zeichen der Adjektive der a-/o-Dekl.
Formen: **Gen., Dat., Akk., Abl. Sg.**	Formen: **alle Kasus in Sg. und Pl. in allen drei Genera m, f, n**
-ndi, -ndo, -ndum, -ndo	-ndus, -nda, -ndum; -ndi, -ndae, -nda usw.
kann Objekte und Adverbialien bei sich haben	kongruiert mit einem Nomen und kann Objekte und Adverbialien bei sich haben
zum Ausdruck eines Vorgangs	
ars (domum) aedificandi – die Kunst des Bauens (eines Hauses) / die Kunst, (ein Haus) zu bauen	(Gerundivum-V) ars domus aedificandae – die Kunst des Bauens eines Hauses / die Kunst, ein Haus zu bauen
	zum Ausdruck von Notwendigkeit (Gerundivum-N): Gerundivum als Prädikatsnomen bei einer Form von esse
	Domus aedificanda est. – Das Haus muss gebaut werden.

Strategie zum Erkennen und Übersetzen von nd-Formen:

Wenn du eine Verbform mit Kennzeichen -nd- entdeckst, gehe folgendermaßen vor:

Entscheide zunächst, ob es sich

• um das Gerundivum-N oder • um ein Gerundium bzw. Gerundivum-V handelt.

a) Ein **Gerundivum-N** erkennst du an zwei „Spuren":

1 Bildet die nd-Form zusammen mit einer Form von esse das Prädikat?
   (im AcI: zusammen mit esse den Prädikatsinfinitiv)

2 Steht die nd-Form also im Nominativ und kongruiert mit dem Subjekt?
   (im AcI: Steht sie im Akkusativ und kongruiert mit dem Subjektsakkusativ?)

Subjekt   Prädikat
Hic liber[2] nunc   legend**us**[2] est[1].   Dieses Buch ist nun zu lesen / muss nun gelesen werden.

im AcI:
Scio hunc lib**rum**[2] nunc legend**um**[2] **esse**[1].   Ich weiß, dass dieses Buch nun zu lesen ist /
                                                   gelesen werden muss.

Noch zu beachten ist:

• Steht ein **Nomen im Dativ** dabei, gibt das meist die **Person** an, **die etwas tun muss**.
Hic liber **mihi** nunc legendus est.   Dieses Buch ist nun von mir zu lesen. /
                                              Ich muss nun dieses Buch lesen.

• Manchmal enthält der Satz kein eigenes Subjekt; dann steht das Gerundivum im **Neutrum Singular** und ist **unpersönlich gebraucht**. Übersetze mit „man".
Nunc consid**endum** est.   Jetzt muss man sich hinsetzen.

• Steht eine **Negation** dabei (z. B.: non, nihil, nemo), wird mit „nicht dürfen" übersetzt.
Reus damnandus **non** est.   Der Angeklagte ist nicht zu verurteilen /
                                    darf nicht verurteilt werden.

b) Falls es sich nicht um das Gerundivum-N handelt, dann handelt es sich um das **Gerundium** bzw. **Gerundivum-V**. Für die Übersetzungsmöglichkeiten gibt es zwischen den beiden keinen Unterschied.

Gehe in folgenden drei Schritten vor:

1 Kläre, ob ein Nomen mit der nd-Form kongruiert (KNG-Kongruenz).
  Kläre, ob die nd-Form durch ein Objekt oder ein Adverbiale erweitert ist.
  → Setze eine Klammer um die nd-Form und alle Wörter, die zu ihr gehören.

2 Übersetze zunächst die Wörter außerhalb der Klammer – sie müssen zusammen eine sinnvolle Aussage ergeben.

3 Stelle fest, in welchem Kasus bzw. bei welchem Wort oder welcher Präposition die nd-Form steht, und wähle eine passende Übersetzungsmöglichkeit aus.

Senatores consilium [urbis defende**nd**ae] ceperunt.	Die Senatoren haben den Beschluss gefasst <u>zur Verteidigung</u> der Stadt / , die Stadt <u>zu verteidigen</u>.

Bezugswort: consilium
Kasus: Genitiv

Orpheus [carmina cane**nd**o] animos hominum movit.	Orpheus rührte die Herzen der Menschen <u>durch das Singen</u> von Liedern / <u>dadurch, dass er</u> Lieder <u>sang</u>.

Ablativ

Übersetzungsmöglichkeiten im Überblick:

Das **Gerundium** wird folgendermaßen übersetzt:

		mit **substantiviertem, dekliniertem Infinitiv**	mit **Infinitiv**	mit **Gliedsatz**
Gen.	audiendi	des Hörens	zu hören	
Dat.	audiendo	dem Hören	zu hören	
Akk.	ad audiendum	zum Hören	zu / um zu hören	
Abl.	[in] audiendo	durch (das) / beim Hören		dadurch, dass / indem (ich höre, du hörst, …)

Das **Gerundivum-V** kongruiert immer mit einem Nomen; beide zusammen werden so übersetzt:

		mit **substantiviertem, dekliniertem Infinitiv / Verbalsubstantiv**	mit **Infinitiv**	mit **Gliedsatz**
Gen.	tempus **rei audiendi**	Zeit **des Anhörens** / **der Anhörung** des Angeklagten	Zeit, den Angeklagten **anzuhören**	
Dat.	studet **reo audiendo**	er bemüht sich um **das Anhören** / **die Anhörung** des Angeklagten	er bemüht sich, **den Angeklagten anzuhören**	
Akk.	venit ad **reos audiendos**	er kommt **zum Anhören** / **zur Anhörung** der Angeklagten	er kommt, um **die Angeklagten anzuhören**	
Abl.	[in] **reis audiendis**	durch **das Anhören** / **die Anhörung** [beim / bei der …] der Angeklagten		dadurch, dass / indem ich (du, …) die Angeklagten **anhöre** (…)

a Vervollständige die Aussagen, indem du die Wörter aus den Kästen einsetzt.

1. Das Gerundium ist der substantivierte, deklinierte _____.

Das Gerundivum ist ein vom Verb gebildetes _____. Beide haben

das Kennzeichen _____.

Das Gerundium hat die Kasuszeichen der _____. Das Gerundivum hat

die Kasus-Zeichen der _____ der a-/o-Dekl. Das Gerundium kommt

nicht im Plural vor, sondern nur im _____. Das Gerundivum kommt in

allen _____ in Sg. und Pl. und in allen drei _____ vor.

Das Gerundium kann ein _____ oder ein _____

bei sich haben. Das Gerundivum steht mit einem Substantiv in _____.

> 1.
> o-Dekl. Sg. –
> Objekt –
> Genera –
> Infinitiv –
> Singular –
> -nd- –
> Adjektiv –
> KNG-Kongruenz –
> Adverbiale –
> Kasus –
> Adjektive

2. Beide werden verwendet zum Ausdruck eines _____.

ars aedificandi heißt: die Kunst _____,

die Kunst _____.

aedificandi ist hier das _____.

ars urbem aedificandi heißt: die Kunst _____ einer Stadt,

die Kunst, eine Stadt _____.

aedificandi ist auch hier das _____.

ars urbis aedificandae heißt: die Kunst _____ einer Stadt,

die Kunst, eine Stadt _____.

aedificandae ist hier das _____.

Das Gerundivum wird zusätzlich verwendet zum Ausdruck einer _____. Das Gerundivum

ist dann ein _____ und steht zusammen mit einer Form von _____.

Der Satz Urbs aedificanda est. heißt: Die Stadt _____.

> 2.
> Gerundivum –
> Notwendigkeit –
> Gerundium –
> Gerundium –
> esse –
> Vorgangs –
> Prädikatsnomen –
> des Bauens –
> des Bauens –
> des Bauens –
> zu bauen –
> zu bauen –
> zu bauen – muss
> gebaut werden

b Bilde die angegebenen Formen von servare und legere.

Gerundium

Gen.: _____, _legendi_

Akk.: ad _____, _____

Abl.: _____, _____

Gerundivum

Nom. Pl. m _____, _____

Akk. Sg. f: _servandam_ _____, _____

Abl. Pl. n: _____, _____

a Entscheide, ob in den Sätzen ein Gerundivum-N oder ein Gerundivum-V bzw. Gerundium vorliegt. Begründe mit den beiden „Spuren".

	mit esse das Prädikat	im Nom., Kongruenz zu Subjekt	G-N	G-V / G
1. Haec epistula tibi statim scribenda est.	*scribenda est*	*epistula – Sg. f*	X	
2. Tempus epistulae scribendae adest.				
3. Statim nuntii ad hostes mittendi sunt.				
4. Hoc flumen transeundum non est.				
5. Signum muros relinquendi datum non erat.				

b Wende die Strategien zum Erkennen und Übersetzen der nd-Formen an und übersetze.

Consul ad senatores:

1. „Audivi reginam Aegypti consilium[1] [Romam petendi][1+3] cepisse.

> → kein esse → kein Gerundivum-N
> [1] Romam gehört zu petendi → Klammer setzen
> [2] alles außerhalb der Klammer übersetzen → Ich habe gehört,
>   dass die Königin von Ägypten einen/den Beschluss gefasst hat.
> [3] Romam petendi: Genitiv → Rom aufzusuchen

2. Itaque iam hodie tota urbs ornanda est.

3. Fortasse etiam in forum veniet ad cives salutandos.

4. Regina curiam intrans magna voce salutanda est.

5. Ubi regina templum[1] deorum orandorum causa intraverit, hoc templum[1] custodibus magna cum cura custodiendum erit, nam regina nullo modo perturbanda est.

6. Estisne parati ad officia praestanda?

7. Nunc tempus abeundi est."

_____

_____

_____

_____

_____

_____

_____

_____

Strategie beim **Übersetzen eines Textes**

> 1. Lies den Text ganz und in Ruhe durch, vom ersten bis zum letzten Wort.
> 2. Suche vor dem Übersetzen heraus:
>   Welche Personen kommen vor? Welche davon sind die handelnden Personen? Wo spielt die Geschichte?
>   Ermittle das Thema des Textes, indem du auf Schlüsselwörter achtest, z.B. auf Sachfelder oder mehr-fach auftretende Wörter.
> 3. Ermittle Handlungsschritte, indem du auf besondere Kennzeichen achtest, z.B. auf die Abfolge der Personen: Wer handelt in diesem Textabschnitt, wer in dem folgenden?
> 4. Übersetze nun Satz für Satz. Prüfe am Ende genau, ob du ein Wort oder einen Satz übersehen hast, und gib dich erst zufrieden, wenn deine gesamte Übersetzung eine sinnvolle Aussage ergibt.

Wie die Sibyllinischen Bücher nach Rom kamen

*Die Sibyllinischen Bücher wurden in Rom zu Rate gezogen, wenn im Staat
eine wichtige Entscheidung getroffen werden musste.*

1 Aliquando mulier, quam nemo umquam ante viderat,
2 ad Tarquinium Superbum regem venit novem libros ferens.
3 Dixit in iis libris oracula deorum scripta esse et
4 se hos libros sanctissimos vendere velle.
5 Cum Tarquinius pretium rogaret, mulier magnum pretium poposcit.
6 Cum rex verba mulieris ridens negavisset, mulier tres libros
7 sumpsit et flammis dedit. Tum regem interrogavit, num
8 reliquos sex libros eodem pretio emere vellet.
9 Sed Tarquinius credens mulierem animo perturbatam esse
10 multo magis risit. Statim mulier alios tres libros flammis
11 dedit et rursus regem interrogavit, velletne reliquos tres libros
12 eodem pretio emere.
13 Qua re perterritus Tarquinius paratus erat ad libros emendos
14 et mulieri pecuniam postulatam dari iussit. Pecunia accepta
15 mulier abiit neque umquam postea visa est.

1. Hast du den Text von Anfang bis Ende durchgelesen?   Ja ☐

2. Ermittle die handelnden Personen und mithilfe von Schlüsselwörtern das **Thema** des Textes.

Personen: _____

Schlüsselwörter: _____

_____

Im Zusammenhang mit Überschrift und Einleitung kannst du das **Thema** des Textes benennen:

_____

_____

_____

3. Gehe Satz für Satz durch und stelle fest, wer jeweils die handelnde Person ist. Achte auf die Verbform und ermittle, ob ein Subjekt dazu in einem eigenen Wort (Name, Substantiv, Pronomen) genannt ist. Notiere die Person am Rand.

4. Übersetze den Text „Wie die Sibyllinischen Bücher nach Rom kamen" Satz für Satz.

→ Prüfe deine Übersetzung: Kein Wort übersehen? Sinnvolle Aussagen in den Sätzen und insgesamt?

S.8

b

Positiv	Komparativ	Superlativ
magnus, -a, -um	maior, maius	maximus, -a, -um
parvus, -a, -um	minor, minus	minimus, -a, -um
bonus, -a, -um	melior, melius	optimus, -a, -um

c

Adjektiv	Superlativ	Adverb	Superlativ
fidus, -a, -um	fidissimus, -a, -um	fide	fidissime
vehemens, -ntis	vehementissimus, -a, -um	vehementer	vehementissime
felix, -cis	felicissimus, -a, -um	feliciter	felicissime
gravis, -is, -e	gravissimus, -a, -um	graviter	gravissime

N4

a 1. Marcus Tullius Cicero fuit omnium clarissimus orator.
Marcus Tullius Cicero war der berühmteste Redner von allen.
2. Hoc est gravissimum consilium, quod senatus umquam cepit.
Dies ist der (ge)wichtigste/ernsteste Beschluss, den der Senat jemals gefasst hat.

b 1. Senatores clarissimi in forum Romanum convenerunt.
Die hochberühmten / Sehr berühmte Senatoren kamen auf dem Forum Romanum zusammen.
2. Hannibal cum elephantis montes altissimos transiit.
Hannibal überschritt mit den Elephanten die sehr hohen / riesigen Berge.

N5

1. Hoc oppidum altioribus moenibus circumdatum est quam illud.
Diese Stadt ist mit höheren Mauern umgeben als jene.
2. Sol maior et gravior est terra.
Die Sonne ist größer und schwerer als die Erde.

Lektion 34 (1)

S.10

V1

a Im Deutschen erkennt man einen substantivierten Infinitiv am Artikel und an der Großschreibung.

b TIPP: Wörter wie „die Rückkehr" oder „der Unterricht" sind Verbalsubstantive – sie gehören in eine Familie mit den Verben „(zu)rückkehren" bzw. „unterrichten", die substantivierten Infinitive aber würden lauten: „das Rückkehren", „das Unterrichten". Die substantivierten Infinitive sind: das Lernen – beim Verlassen – des Redens – beim Ergreifen – zum Erzählen – des Kochens – durch das Wiederholen

V2

a Das Gerundium ist unterstrichen.

deleto	delendo	*delere*
petendum	petitum	petere
incendendi	incendi	incendere
probando	probo	probare
celebranti	celebrandi	celebrare
fundo	fundendo	fundere
descendi	descendendi	descendere
animadvertendo	animadverto	animadvertere
abitum	abeundum	abire
reddendi	reddidi	reddere

b Das sind die Gerundien (in Klammern ist ihr Infinitiv angegeben):
delendo (delere) – hortandum (hortari) – exeundo (exire) – appellandum (appellare) – cognoscendi (cognoscere) – contemplando (contemplari) – dicendi (dicere) – protegendi (protegere)

S.6

N1

Lektion 33

a Den Komparativ erkennt man an den Kennzeichen -ior bzw. -ius.

b Das sind die acht Adjektive, die im Komparativ stehen: longior – celeriorem – feliciorem – graviori – clariora – molliores – pulchrioris – egregiores.

c Deklination der Komparativformen der Adjektive latus, -a, -um und facilis, -is, -e:

	Singular		Plural	
	m/f	n	m/f	n
Nom.	longior	longius	longiores	longiora
Gen.	longioris		longiorum	
Dat.	longiori		longioribus	
Akk.	longiorem	longius	longiores	longiora
Abl.	longiore		longioribus	

	Singular		Plural	
	m/f	n	m/f	n
Nom.	facilior	facilius	faciliores	faciliora
Gen.	facilioris		faciliorum	
Dat.	faciliori		facilioribus	
Akk.	faciliorem	facilius	faciliores	faciliora
Abl.	faciliore		facilioribus	

d Adverbien im Komparativ: alte – *altius*; laete – laetius; clare – clarius; celeriter – celerius; vehementer – vehementius; graviter – gravius

S.7

N2

a 1. Hiems proximi anni aspera fuit, sed hiems huius anni asperior est.
Der Winter des letzten Jahres war hart, aber der Winter dieses Jahres ist (noch) härter.
2. Patronus gravem causam attulit, sed iudex graviorem causam attulit.
Der Anwalt führte einen gewichtigen Grund an, aber der Richter führte einen (noch) gewichtigeren Grund an.
3. Hoc oppidum altis moenibus circumdatum est, sed illud oppidum altioribus (moenibus) circumdatum est.
Diese Stadt ist mit hohen Mauern umgeben, aber jene Stadt ist mit (noch) höheren Mauern umgeben.

b Die Positivform des Adverbs ist einfach unterstrichen, die Komparativform des Adverbs ist doppelt unterstrichen.
1. Milites Romani fortiter pugnant, sed milites hostium fortius pugnant.
Die römischen Soldaten kämpfen tapfer, aber die Soldaten der Feinde kämpfen (noch) tapferer.
2. Dominus meus clementer in servos agit, sed dominus tuus clementius in servos agit.
Mein Herr behandelt Sklaven mild, aber dein Herr behandelt die Sklaven (noch) milder.
3. Rex superbe se gerit, sed regina superbius se gerit.
Der König benimmt sich hochmütig, aber die Königin benimmt sich (noch) hochmütiger.

c 1. Res est facilior. – Die Sache ist recht leicht. / 2. Iter est longius. – Der Weg ist ziemlich weit. / 3. Libentius legimus. – Wir lesen ganz gern. / 4. Canunt pulchrius. – Sie singen recht schön.

N3

a fidissimi – *fidus, -a, -um*
inimicissimos – inimicus, -a, -um
facillime – facilis, -is, -e
fortissimis – fortis, -is, -e

gravissima – gravis, -is, -e
miserrimae – miser, -era, -erum
celerrimam – celer, -is, -e
novissimo – novus, -a, -um

d Tempus est … – Es ist Zeit …
1. labores perferendi. – die Arbeiten zu ertragen.
2. consilia explananda. – die Pläne zu erklären.
3. fabulas narrando animos hominum delectandi. – die Herzen der Menschen zu erfreuen, dadurch, dass man Geschichten erzählt / durch Erzählen von Geschichten.

Lektion 34 (2)

S. 14
★V5

a

Infinitiv	1. Sg. Präs.	1. Sg. Perf.	dt. Bedeutung
experiri	experior	expertus sum	versuchen
admirari	admiror	admiratus sum	bewundern
potiri	potior	potitus sum	in seine Gewalt bringen
loqui	loquor	locutus sum	sprechen
conari	conor	conatus sum	versuchen
hortari	hortor	hortatus sum	auffordern; ermuntern
vereri	vereor	veritus sum	fürchten; verehren
contemplari	contemplor	contemplatus sum	betrachten

b TIPP: Wenn du genau überlegst, wie der Infinitiv heißt, siehst du an seiner Form, ob es sich um ein Deponens handelt.

	Infinitiv	Deponens	kein Deponens
capitur	capere		X
patitur	pati	X	
admiramur	admirari	X	
potientur	potiri	X	
missi erant	mittere		X
rogabamini	rogare		X
conabaris	conari	X	
experti estis	experiri	X	
indicatum est	indicare		X
hortantur	hortari	X	

S. 15
★V6

a

	1. Sg.	2. Sg.	3. Sg.	1. Pl.	2. Pl.	3. Pl.
	-(o)r	-ris	-tur	-mur	-mini	-ntur

b Die zehn Deponentien sind: experimini – conabamur – contemplatus esset – admiraris – potitur – verebar – loquimini – passus sum – conati sitis – hortatur
Lösungswort: *passivisch*

c TIPP: Konzentriere dich darauf, dass die Deponentien nicht passivisch übersetzt werden.
Die richtigen Übersetzungen sind:
conatur – er/sie/es versucht; admiratae estis – ihr habt bewundert; hortabaris – du fordertest auf; potimur – wir bemächtigen uns; verebuntur – sie werden fürchten

d hortor – ich fordere auf
locutus es – du hast gesprochen
admiratae estis – ihr habt bewundert
potiris – du bemächtigst dich
veriti sumus – wir haben gefürchtet/verehrt
contemplaris – du betrachtest
patitur – er/sie/es erleidet

hortabatur – er/sie/es forderte auf
loquemur – wir werden sprechen
admirabuntur – sie werden bewundern
potior – ich bemächtige mich
vereris – du fürchtest/verehrst
contemplatus erat – er hatte betrachtet
passi sunt – sie haben erlitten

S. 11
V3

a

Infinitiv	Präsensstamm (+ Sprechvokal)	Gerundium-Zeichen	Kasus-Zeichen
fugi	e	nd	o
administra		nd	i
faci	e	nd	um
doce		nd	o
exe	u	nd	i
refer	e	nd	um

b

Infinitiv	portare	dormire	adire
Gen.	portandi	dormiendi	adeundi
Dat.	portando	dormiendo	adeundo
Akk.	ad portandum	ad dormiendum	ad adeundum
Abl.	(in) portando	(in) dormiendo	(in) adeundo

V4
S. 12

a

Gerundium im Genitiv	Infinitiv	deutsche Bedeutung	Übersetzung mit substantiviertem Verb	Infinitiv
ars …			die Kunst …	
narrandi	narrare	erzählen	des Erzählens	zu erzählen
tacendi	tacere	schweigen	des Schweigens	zu schweigen
explanandi	explanare	erklären	des Erklärens	zu erklären
obsidendi	obsidere	belagern	des Belagerns	zu belagern
discendi	discere	lernen	des Lernens	zu lernen
docendi	docere	lehren	des Lehrens	zu lehren
regendi	regere	herrschen	des Herrschens	zu herrschen

b

Gerundium im Akkusativ	Übersetzung mit Infinitiv	Übersetzung mit substantiviertem Verb
Paratus sum …	Ich bin bereit …	
ad tacendum.	zu schweigen.	zum Schweigen.
ad laborandum.	zu arbeiten.	zum Arbeiten.
ad discendum.	zu lernen.	zum Lernen.
ad referendum.	zu berichten.	zum Berichten.
ad intelligendum.	zu verstehen, zu erkennen.	zum Verstehen, zum Erkennen.
ad explanandum.	zu erklären.	zum Erklären.
ad certandum.	zu kämpfen.	zum Kämpfen.

c

Gerundium im Ablativ	Übersetzung mit substantiviertem Verb	Übersetzung mit Gliedsatz
Omnes delectat …	Er erfreut alle …	
narrando.	durch das Erzählen.	dadurch, dass er erzählt.
legendo.	durch das Lesen.	dadurch, dass er liest.
protegendo.	durch das Beschützen.	dadurch, dass er beschützt.
canendo.	durch das Singen.	dadurch, dass er singt.
abeundo.	durch das Weggehen.	dadurch, dass er weggeht.
celebrando.	durch das Feiern.	dadurch, dass er feiert.
explanando.	durch das Erklären.	dadurch, dass er erklärt.

S.16 [V7]

e) 1. admirabimini / 2. conatae sunt / 3. potietur / 4. loquebaris / 5. vereor / 6. contemplati sumus

a)

Infinitiv Präsens	Infinitiv Perfekt
vereri	veritum esse
conari	conatum esse
loqui	locutum esse
admirari	admiratum esse
contemplari	contemplatum esse

b) Die Imperative Singular sind: potire – Bemächtige dich! / Bring in deine Gewalt! experire – Versuche! admirare – Bewundere! verere – Fürchte!/Verehre! loquere – Sprich!

c) Die Imperative Plural sind: potimini – Bemächtigt euch! / Bringt in eure Gewalt! admiramini – Bewundert! loquimini – Sprecht! patimini – Duldet! veremini – Fürchtet!/Verehrt!

Übersetzen mit Strategie – Übersetzungsmethoden anwenden

S.18 [U1]

a) Pendelmethode

Socrates ab iudicibus morte damnatus e carcere fugere recusavit.

Sokrates verweigerte, von den Richtern zum Tode verurteilt, aus dem Gefängnis zu fliehen. / Sokrates weigerte sich, obwohl er von den Richtern zum Tode verurteilt worden war, aus dem Gefängnis zu fliehen.

Profecto multi homines ad bonam vitam agendam verba medicorum semper et diligenter servant.

Tatsächlich beachten viele Menschen des guten Lebens wegen die Worte der Ärzte immer und sorgfältig. / Tatsächlich befolgen viele Menschen, um gut zu leben, die Ratschläge der Ärzte stets sorgfältig.

b) Wortblöcke erkennen

Nerone imperatore / magna urbis pars / paucis diebus / flammis / deleta est.
Unter Kaiser Nero ist ein großer Teil der Stadt in wenigen Tagen durch Flammen vernichtet worden.

Saepe / [rem publicam / a Cicerone consule / e magnis periculis / servatam esse] / audivimus.
Oft haben wir gehört, dass der Staat von Konsul Cicero aus großen Gefahren gerettet worden ist.

c) Konstruktionsmethode:

Adverbiale (Zeit)	[PC zu bello] Adverbiale (Ort)	[gesto]	Subjekt + Attribut (wer?)	Attribut + Objekt (wen?)	was für ein (Mann)? Attribut	Adverbiale (Art u. Weise)	Prädikat
In bello	[in Sicilia]	gesto	miles Romanus	illum virum	magnae prudentiae	gladio	interfecit.

Im Krieg, der in Sizilien geführt worden war, hat ein römischer Soldat jenen (berühmten) Mann von großer Weisheit / sehr weisen Mann mit dem Schwert getötet.

---

wem? Dativ-Objekt	[PC zu Augusto] Adverbiale (Ort)		wer? Subjekt	wen? Akkusativ-Objekt	was für eine (Nachricht)? Attribut	[PC zu clade] Adverbiale (Ort)		Prädikat
Augusto imperatori	[in lecto]	quiescenti	tribunus	nuntium	de magna clade	[in Germania]	accepta	affert.

Dem Kaiser Augustus bringt, während er im Bett ruht, ein Tribun die Nachricht über die große Niederlage (, die) in Germanien (erlitten worden ist). / Während Kaiser Augustus im Bett ruht, bringt ein Tribun …

d) Pendelmethode:
Ex tota Graecia iuvenes fortissimi Olympiam convenerunt, ut celerrime currendo

honorem sibi parerent.

Wortblöcke erkennen:
Ex tota Graecia / iuvenes fortissimi / Olympiam / convenerunt, / ut / celerrime currendo / honorem sibi parerent.

Konstruktionsmethode:

von wo? Adverbiale (Ort)	wer? Subjekt + Attribut	wohin? Adverbiale (Ort)	Prädikat (HS)		wozu? warum? Adverbiale (Grund) wie? womit? Adverbiale (Mittel)	was? Akkusativ-Objekt	wem? Dativ-Objekt	Prädikat (NS)
Ex tota Graecia	iuvenes fortissimi	Olympiam	convenerunt	ut	celerrime currendo	honorem	sibi	parerent.

Übersetzung: Aus ganz Griechenland kamen die tapfersten jungen Männer nach Olympia, um durch sehr schnelles Laufen Ehre für sich zu erwerben.

Lektion 35 (1)

S.20 [V1]

a) Die Gerundivum-Formen sind (in Klammern: der Infinitiv): delendis (delere); capiendam (capere); ducendi (ducere); reddendas (reddere); abducendo (abducere); tollenda (tollere)

b) TIPP: Achtung: Bei respondete (Imperativ Pl. von respondere) und tetendi (1. Sg. Perf. von tendere) sind die Buchstaben nd Bestandteile des Stammes und kein Zeichen für Gerundivum. Das sind die Formen des Gerundivums (in Klammern ist der Infinitiv angegeben): gerendam (gerere) – servandae (servare) – liberandae (liberare) – ferendis (ferre) – recipiendas (recipere) – rogandorum (rogare) – pellenda (pellere) – legendis (legere) – trahendos (trahere) – mittendam (mittere)

[V2]

1. Beim Gerundium gibt es keinen Plural.
2. Gerundium und Gerundivum haben beide das Kennzeichen -nd-.
3. Beim Gerundivum kann die Endung -a vorkommen.
4. Beim Gerundium gibt es die Endung -is.
5. Das Gerundium wird vom Präsensstamm gebildet.
6. Weder bei Gerundium noch bei Gerundivum gibt es die Endung -es.
7. Das Gerundium wird nicht dekliniert.
8. Das Gerundium ist der substantivierte, deklinierte Infinitiv.

stimmt	stimmt nicht
D	G
I	E
R	S
C	U
E	N
N	D
A	D
O	M

Lösungswort: DISCENDO (dieses Gerundium bedeutet: durch das Lernen)

d 1. In urbe expugnata consul vitae civium servandae causa cum hostibus de pace facienda egit. – In der eroberten Stadt hat der Konsul, um das Leben der Bürger zu retten, mit den Feinden darüber verhandelt, Frieden zu machen/schließen [oder: hat … über das Abschließen des Friedens / über einen Friedensschluss verhandelt].
2. Nonnulli homines beate vivendi causa parati sunt ad iniurias ab aliis acceptas perferendas. – Einige Menschen sind, um glücklich zu leben, (dazu) bereit, von anderen erlittene Ungerechtigkeiten zu ertragen / zum Ertragen von Ungerechtigkeiten, die sie von anderen erleiden.

Lektion 35 (2)

S.24

Das Prädikat ist unterstrichen, Nominativ und Infinitiv (NcI) sind farbig markiert:

1. Socrates sapientissimus vir fuisse dicitur.
   a) Man sagt, dass Sokrates ein sehr weiser Mann war.
   b) Sokrates soll ein sehr weiser Mann gewesen sein.
   c) Sokrates war – wie man sagt – ein sehr weiser Mann.
2. Animi iuvenum et mala deducti esse dicuntur.
   a) Man sagt, dass die Gemüter der jungen Männer zum Schlechten geführt / verdorben worden sind.
   b) Die Gemüter der jungen Männer sollen verdorben worden sein.
   c) Die Gemüter der jungen Männer wurden – wie man sagt – verdorben.
3. Socrates mortem aequo animo exspectavisse traditur.
   a) Es wird überliefert, dass Sokrates den Tod mit Gleichmut erwartet habe.
   b) Sokrates hat – wie überliefert wird – den Tod mit Gleichmut erwartet.
4. Xanthippe uxor Socratis fuisse fertur.
   a) Es wird berichtet, dass Xanthippe die Frau von Sokrates gewesen ist.
   b) Xanthippe war – wie berichtet wird – die Frau von Sokrates.
5. Socrates innocens fuisse videtur.
   a) Es scheint, dass Sokrates unschuldig gewesen ist.
   b) Sokrates war anscheinend unschuldig.
6. Amici ad Socratem: „Mortem timere non videris."
   a) Die Freunde (sagten) zu Sokrates: „Du scheinst den Tod nicht zu fürchten."
   b) Die Freunde (sagten) zu Sokrates: „Den Tod fürchtest du anscheinend nicht."

Lektion 36

S.26

a

Gerundivform	Infinitiv	deutsche Bedeutung
gerenda	gerere	führen; tragen
legendus	legere	lesen
ponenda	ponere	setzen; stellen; legen
parendum	parere	gehorchen
imperandum	imperare	befehlen; herrschen

a Ein Gerundivum, das zusammen mit einer Form von esse steht, drückt **Notwendigkeit** aus. Das Gerundivum bildet zusammen mit der Form von esse **das Prädikat des Satzes** (es ist das **Prädikatsnomen**). Es richtet sich in Kasus, Numerus und Genus nach seinem Bezugswort, **dem Subjekt.** An der Form von esse erkennt man das **Tempus** und die **Person/Sache**, mit der etwas geschehen muss. Das Gerundivum kann im **Neutrum Singular** ohne ein eigenes Subjekt stehen, z.B. **Dei** consulendum est. Es ist dann unpersönlich gebraucht und wird mit „man" übersetzt. Wenn eine Negation beim Gerundivum mit esse steht, wird es mit „nicht dürfen" übersetzt.

b TIPP: Achte auf die Form von esse.
1. Urbs defendenda est.
2. Dei colendi sunt.
3. Tu damnandus es.
4. Hostes oppugnandi sunt.
5. Servi liberandi sunt.
6. Piratae vincendi sunt.
7. Hospes recipiendus est.
8. Nos servandi sumus.

S.21

a TIPP: Du musst auf die KNG-Kongruenz achten, z.B.: Die beiden Formen confirmandis und urbis kongruieren nicht; confirmandis: Dat./Abl. Pl. m, f, n; urbis: Gen. Sg. f
Bei zwei Substantiven ist ihr Genus entscheidend: urbis ist feminium, pons ist maskulinum; deshalb kongruiert capiendae nur mit urbis und exstruendi nur mit pontis.
ad reos interrogandos – consilium urbis capiendae – ad imperatorem salutandum – libris legendis – animis movendis – ars pontis exstruendi

b

Infinitiv	scribere	sequi
Gen.	ars epistulae *scribendae*	consilium hostium *sequendorum*
Dat.		*(kommt nicht vor)*
Akk.	ad epistulam *scribendam*	ad hostes *sequendos*
Abl.	in epistula *scribenda*	in hostibus *sequendis*

S.22

a

Gerundivum im Genitiv	Infinitiv	Übersetzung mit substantiviertem Verb oder Verbalsubstantiv
tempus …	(die) Zeit …	
amici conveniendi	den Freund zu treffen	für das/ein Treffen des Freundes / mit dem Freund
epistulae scribendae	einen Brief zu schreiben	für das Schreiben eines Briefes
laboris finiendi	die Arbeit zu beenden	zum Beenden der Arbeit
domus aedificandae	das Haus zu bauen	zum Bauen des Hauses
regis pellendi	den König zu vertreiben	zur Vertreibung des Königs
urbis relinquendae	die Stadt zu verlassen	zum Verlassen der Stadt

b

Gerundivum im Akkusativ	Übersetzung mit	
	Infinitiv (zu …, um … zu)	Verbalsubstantiv
Omnes conveniunt …	Alle kommen zusammen …	
ad civitatem servandam.	um den Staat zu retten.	zur Rettung des Staates.
ad servos liberandos.	um die Sklaven zu befreien.	zur Befreiung der Sklaven.
ad oppidum capiendum.	um die Stadt zu erobern.	zur Eroberung der Stadt.
ad nuntios audiendos.	um die Boten anzuhören.	zur Anhörung der Boten.
ad urbes defendendas.	um die Städte zu verteidigen.	zur Verteidigung der Städte.
ad beneficia tribuenda.	um Wohltaten zu verteilen.	zur Verteilung von Wohltaten.

c

Gerundivum im Ablativ	Übersetzung mit	
	substantiviertem Infinitiv	Gliedsatz (indem / dadurch, dass)
Animos amicorum movet …	Er bewegt die Herzen der Freunde …	
carmine canendo.	durch das Singen eines Liedes.	dadurch, dass er ein Lied singt.
fabulis narrandis.	durch das Erzählen von Geschichten.	dadurch, dass er Geschichten erzählt.
donis dandis.	durch das Geben von Geschenken.	dadurch, dass er Geschenke gibt.
cena paranda.	durch das Zubereiten des (Abend-)Essens.	dadurch, dass er das (Abend-)Essen zubereitet.
omnibus rebus bene gerendis.	durch die gute Ausführung aller Angelegenheiten.	dadurch, dass er alle Angelegenheiten gut erledigt.

1. Satz: Nasica, qui sensit servam iussu domini hoc dixisse et amicum in domo esse, abiit.
1 Einleitungswort und Prädikat des Gliedsatzes sind rot markiert, der Gliedsatz ist unterstrichen.
2 Hauptsatz: Nasica abiit. – Nasica ging weg.
3 Gliedsatz: qui sensit ... – der merkte ...
→ Was merkte er? → AcI: servam ... dixisse –
der merkte, dass die Sklavin dies auf Befehl ihres Herrn gesagt hatte ...
Übersetzung: Nasica, der merkte, dass die Sklavin dies auf Befehl ihres Herrn gesagt hatte und der Freund zu Hause war, ging weg.

2. Satz: Paulo post cum Ennius ad Nasicam amici videndi causa venisset et ante portam staret, Nasica magna voce Nasicam domi non esse clamavit.
1 Einleitungswort und Prädikat des Gliedsatzes sind rot markiert, der Gliedsatz ist unterstrichen.
2 Hauptsatz: Nasica ... clamavit. – Nasica schrie ...
→ Was schrie er? → AcI: Nasicam domi non esse – dass Nasica nicht zu Hause sei
→ Wie schrie er? → magna voce – mit lauter Stimme
→ Nasica schrie mit lauter Stimme, dass Nasica nicht zu Hause sei
3 Gliedsatz:
cum Ennius ... venisset et ... staret – als Ennius ... gekommen war und ... stand
Subjekt: Ennius
→ Wohin (war er gekommen)? → ad Nasicam – zu Nasica
→ Wann? → paulo post – wenig später
→ Wo (stand er)? → ante portam – vor der Tür
→ weitere Spuren: -nd-Form mit causa: videndi causa → KNG: amici videndi causa – um den Freund zu sehen
→ Als Ennius wenig später zu Nasica gekommen war, um den Freund zu sehen, und vor der Tür stand,
Übersetzung: Als Ennius wenig später zu Nasica gekommen war, um den Freund zu sehen, und vor der Tür stand, rief Nasica mit lauter Stimme, dass Nasica nicht zu Hause sei.

3. Satz: Tum Ennius: „Quid audio? Vocem quidem tuam cognosco."
1 Satzbau: keine Subjunktion – kein Gliedsatz
2 Drei Hauptsätze:
• Tum Ennius (dixit): – Darauf (sagte) Ennius:
• Quid audio? – Was höre ich?
• Vocem quidem tuam cognosco. – Ich erkenne doch deine Stimme.
Übersetzung: Darauf sagte Ennius: „Was höre ich? Ich erkenne doch deine Stimme."

4. Satz: Cui Nasica respondit: „Tu homo malus es, nam ego, cum te quaererem, servae tuae dicenti te domi non esse credidi, tu autem mihi ipsi non credis."
1 Einleitungswort und Prädikat des Gliedsatzes sind rot markiert, der Gliedsatz ist unterstrichen.
2 Vier Hauptsätze:
• Cui Nasica respondit: – Zu diesem sagte Nasica:
• Tu homo malus es. – Du bist ein schlechter Mensch.
• nam ego servae tuae dicenti te domi non esse credidi
→ Prädikat + Subjekt: credidi – ich habe geglaubt
→ Was habe ich geglaubt? → AcI: te domi non esse – dass du nicht zu Hause bist
→ Wem habe ich geglaubt? → servae tuae – deiner Sklavin
→ weitere Spuren: dicenti: PPA im Dat. Sg., PC zu servae → die/als sie sagte
→ denn ich habe deiner Sklavin geglaubt, als sie sagte, dass du nicht zu Hause bist
• tu autem mihi ipsi non credis
→ Prädikat: credis; Subjekt: tu → du glaubst
→ Wem glaubst du? mihi ipsi → mir persönlich
→ du aber glaubst mir persönlich nicht
3 Gliedsatz: cum te quaererem
(cum: als; weil; obwohl; wenn → hier temporal)
→ als ich dich suchte / nach dir fragte
Übersetzung: Ihm antwortete Nasica: „Du bist ein schlechter Mensch / ein gemeiner Kerl, denn ich habe, als ich dich suchte / nach dir fragte, deiner Sklavin geglaubt, als sie sagte, dass du nicht zu Hause bist, du aber glaubst mir persönlich nicht."

S.27

c 1. Die Stadt *muss verteidigt werden.* / 2. Die Götter müssen verehrt werden. / 3. Du musst verurteilt werden. / 4. Die Feinde müssen angegriffen werden. / 5. Die Sklaven müssen befreit werden. / 6. Die Piraten müssen besiegt werden. / 7. Ein Gast muss aufgenommen werden. / 8. Wir müssen gerettet werden.

d 1. Parendum est. – *Man muss gehorchen.* / 2. Intellegendum est. – Man muss einsehen. / 3. Referendum est. – Man muss berichten. / 4. Discendum est. – Man muss lernen. / 5. Redeundum est. – Man muss zurückkehren.

e 1. Oppidum expugnandum non est. – Die Stadt ist nicht zu erobern / darf nicht erobert werden.
2. Epistulae legendae non sunt. – Die Briefe sind nicht zu lesen / dürfen nicht gelesen werden.
3. Munus neglegendum non est. – Die Aufgabe ist nicht zu vernachlässigen / darf nicht vernachlässigt werden.
4. Cedendum non est. – Es ist nicht zu weichen/nachzugeben. / Man darf nicht weichen/nachgeben.
5. Tacendum non est. – Es ist nicht zu schweigen. / Man darf nicht schweigen.

f 1. Oppidum defendendum erat. (Impf.) – Die Stadt war zu verteidigen / musste verteidigt werden.
2. Servus: „Liberandus ero." (Fut. II) – Der Sklave sagt: „Ich werde zu befreien sein / werde befreit werden müssen."
3. Amica: „Servanda eram." (Impf.) – Die Freundin sagt: „Ich war zu retten / musste gerettet werden."

S.28 S2

Die handelnde Person im Dativus auctoris ist unterstrichen.
1. Dei hominibus colendi sunt. – Die Götter sind von den Menschen zu verehren / müssen von den Menschen verehrt werden. / Die Menschen müssen die Götter verehren.
2. Hic liber tibi legendus est. – Dieses Buch ist von dir zu lesen / muss von dir gelesen werden. / Du musst dieses Buch lesen.
3. Consulibus mandata perficienda sunt. – Von den Konsuln sind die Aufträge auszuführen / müssen die Aufträge ausgeführt werden. / Die Konsuln müssen ihre Aufträge ausführen.
4. Id mihi faciendum erat. – Das war von mir zu tun / musste von mir getan werden. / Das musste ich tun.
5. Hostibus urbs delenda non est. – Die Stadt war von den Feinden nicht zu zerstören / durfte von den Feinden nicht zerstört werden. / Die Feinde durften die Stadt nicht zerstören.

S3

1. Imperator [omnibus civibus auxilium a deis petendum esse] dicit.
Der Feldherr sagt, dass von allen Bürgern Hilfe von den Göttern zu erbitten ist / dass alle Bürger Hilfe von den Göttern erbitten müssen.

2. Milites [signum urbis defendendae dandum esse] existimant.
Die Soldaten meinen, dass das Zeichen zur Verteidigung der Stadt zu geben ist / dass das Zeichen zur Verteidigung der Stadt gegeben werden muss.

3. Omnes sciunt [acriter pugnandum esse].
Alle wissen, dass heftig zu kämpfen ist / dass heftig gekämpft werden muss.

4. Consul [muros urbis custodibus relinquendos non esse] dicit.
Der Konsul sagt, dass die Mauern der Stadt von den Wächtern nicht zu verlassen sind / dass die Wächter der Stadt die Mauern nicht verlassen dürfen.

S.30 Ü2

Übersetzen mit Strategie – Sätze übersetzen

TIPP: Bei kurzen Sätzen, deren Sinn man auf den ersten Blick versteht, braucht man keine ausführliche Analyse durchzuführen; bei längeren Sätzen und vor allem Satzgefügen lohnt es sich sehr, genau und Schritt für Schritt vorzugehen.

Lektion 37 (1)

S. 32 ★V1

TIPP: Achte genau auf das Modus-Zeichen, das du nach dem Stamm findest: -a bzw. -e beim Konj. Präs., -eri- beim Konj. Perf.

Die Konjunktivform ist unterstrichen:

	Konjunktiv Präsens		Konjunktiv Perfekt	
	Akt.	Pass.	Akt.	Pass.
1. pressi estis – premebamini – <u>presseritis</u> – premetis			x	
2. facio – feceram – feci – <u>faciam</u>	x			
3. dantur – <u>dentur</u> – dederunt – dedero		x		
4. dictum est – <u>dictum sit</u> – dicitur – dicitur				x
5. aderatis – adestis – <u>adfueritis</u> – aderitis			x	
6. <u>velit</u> – voluit – volet – vult	x			
7. mitto – misi – <u>mittar</u> – mittebam		x		
8. potes – <u>possis</u> – potueras – potuisti	x			

★V2

a

Fachbegriff	Bedeutung	Beispiel	Übersetzung
Deliberativ	Überlegung/Zweifel	Scribam epistulam?	Soll ich einen Brief schreiben?
Hortativ	Aufforderung	Scribamus epistulam!	Lasst uns einen Brief schreiben!
Optativ	Wunsch	Epistulam scribas!	Schreibe doch (bitte) einen Brief!
Jussiv	Aufforderung/Befehl	Epistulam scribat!	Er soll einen Brief schreiben!
Potentialis	Möglichkeit	Epistulam scribas.	Du könntest einen Brief schreiben.

S. 33

b 1. Hoffentlich findet ihr den Weg. / 2. Hoffentlich kehrst du gesund zurück! / 3. Hoffentlich gewinnen die Besseren! / 4. Die Götter sollen euch bitte immer beschützen!

c 1. Die Bürger sollen die Stadt verteidigen. / 2. Die Soldaten sollen das Lager verlassen. / 3. Es soll tapfer gekämpft werden! / 4. Die Mühen mögen ertragen werden!

d 1. Lasst uns nach Hause zurückkehren! / 2. Lasst uns den Kampf beenden! / 3. Lasst uns überlegen! / 4. Lasst uns leben und lieben!

e 1. Ich könnte dir helfen. / 2. Das dürftest du leicht verstehen. / 3. Der Feldherr dürfte die Feinde besiegen. / 4. Ich könnte antworten, aber ich will nicht.

f 1. Sollen wir dem Freund helfen? / 2. Was soll ich von dieser Sache halten? / 3. Soll ich aus der Stadt fliehen oder soll ich hier bleiben? / 4. Was soll ich antworten?

S. 34 ★V3

a
1. Me tange! — Ne me tetigeris! — *Rühr mich nicht an!*
2. Me rogate! — Ne me rogaveritis! — Fragt mich nicht!
3. Eum time! — Ne eum timueris! — Fürchte ihn nicht!
4. Mihi crede! — Ne mihi credideris! — Glaub mir nicht!
5. Nos relinquite! — Ne nos reliqueritis! — Verlasst uns nicht!
6. Alios respice! — Ne alios respexeris! — Berücksichtige andere nicht!

b
1. deserere – Lasst uns nicht im Stich!
2. dubitare – Zweifelt/Zögert nicht!
3. pellere – Schlage/Stoße mich nicht!
4. neglegere – Vernachlässige/Missachte die Vorschriften nicht!
5. desinere – Hört nicht auf nach Freiheit zu streben!
6. fugere – Fliehe nicht aus der Stadt!

---

c 1. Der Konsul (sagt) zu den Senatoren: „Was sollen wir nun tun? Welchen Plan soll ich fassen? – Deliberativ
2. Lasst uns heute den König aus der Stadt vertreiben! – Hortativ
3. Vertreibt den König nicht aus der Stadt! – Verbot
4. Der König soll sofort die Stadt verlassen! – Jussiv
5. Die Stadt Rom möge durch viele Jahrhunderte / viele Jahrhunderte lange (be)stehen! – Optativ

Lektion 37 (2)

S. 36 ★V4

a Deponentien sind Verben, die nur **passivische** Formen bilden, aber **aktivisch** übersetzt werden. Semideponentien sind Verben, die teils **passivische**, teils **aktivische** Formen bilden und immer **aktivisch** übersetzt werden.

b

	Infinitiv	Deponens	Semideponens	„normales" Verb
revertisti	*reverti*			x
ausus sum	audere		x	
proficiscimini	proficisci	x		
praelata sunt	praeferre			x
solebat	solere		x	
loquimur	loqui	x		
amisisti	amittere			x
confidemus	confidere		x	

c TIPP: Die vier Semideponentien audere, gaudere, solere, confidere verhalten sich gleich: passivische Form im Perfekt. reverti muss man gesondert lernen.

Infinitiv	1. Sg. Präs.	1. Sg. Perf.	dt. Bedeutung
audere	audeo	ausus sum	wagen
gaudere	gaudeo	gavisus sum	sich freuen
solere	soleo	*solitus sum*	gewohnt sein
confidere	confido	confisus sum	vertrauen
aber: reverti	revertor	reverti PPP: reversus	*zurückkehren*

S. 37

d TIPP: Konzentriere dich darauf, dass die Perfektformen, trotz ihrer passivischen Formen, aktivisch übersetzt werden.

Die richtigen Übersetzungen sind:
confisus sum – ich habe vertraut; audebitis – ihr werdet wagen; solebamus – wir waren gewohnt; solita est – sie ist gewohnt gewesen; gavisi erant – sie hatten sich gefreut; confidemus – wir werden vertrauen

e TIPP: Achte genau auf die Tempus-Zeichen, z. B.: -eba-: Imperfekt, -era-: Plusquamperfekt, -eri-: Fut. II
revertitur – er/sie/es kehrt zurück
reverterat – er/sie/es war zurückgekehrt
revertetur – er/sie/es wird zurückgekehrt

revertebatur – er/sie/es kehrte zurück
reverterit – er/sie/es ist zurückgekehrt
reverteritur – er/sie/es wird zurückgekehrt sein

f revertisti – du bist zurückgekehrt
soliti erant – sie waren gewohnt gewesen
audebat – er/sie/es wagte
reverti – zurückkehren / ich bin zurückgekehrt
confisi sumus – wir haben vertraut

gaudebitis – ihr werden euch freuen
gavisae eratis – ihr hattet euch gefreut
ausus es – du hast gewagt
reverterunt – sie sind zurückgekehrt
solet – er ist gewohnt

g alle Verbformen in der 3. Sg.: intellegit – negavit – pugnatum est– tenebitur – ausus erat – fuit – adest – damnabitur – revertit – depositum est – recitatur – dabit
alle Verbformen im Futur I: rapient – tenebitur – gaudebo – damnabitur – audiam – mutabor – moriemini – respondebo – dabit
alle Verbformen im „echten Passiv" (die auch passivisch übersetzt werden): pulsi sumus – pugnatum est – laesi erant – tenebitur – victi erint – interrogati sumus – damnabitur – mutabor – lata sunt – depositum est – recitatur – tradita erant – trahebamur

S. 38 ★V5

a

1. Sg.	fio	1. Pl.	fimus
2. Sg.	fis	2. Pl.	fitis
3. Sg.	fit	2. Pl.	fiunt

b fiebatis – ihr wurdet
factum est – es ist geschehen
fient – sie werden geschehen
fies – du wirst werden
fiunt – sie werden
facta erant – sie waren geschehen

c 1. Aliis ne *feceris*, quod tibi **fieri** *(Inf.)* non vis. – Tue anderen nicht das (an), von dem du nicht willst, dass es dir geschieht!
2. Ita voluerunt, ita **factum est**. – So haben sie es gewollt, so ist es gemacht worden.
3. **Fiat** lux! – Es werde Licht!
4. In manu illius plumbum aurum **fit**. – In seiner Hand wird Blei zu Gold.
5. Duo cum **faciunt** idem, non est idem. – Wenn zwei das Gleiche tun, ist es nicht (unbedingt) das Gleiche.
6. Nascuntur poetae, **fiunt** oratores. – Dichter werden geboren, Redner werden (durch Ausbildung dazu) gemacht.
7. Dives qui **fieri** vult, et cito vult **fieri**. – Wer reich werden will, will auch, dass es schnell geschieht.

Lektion 38

S. 40 N1

a

	Singular			Plural		
Nom.	is	ea	id	ii (ei)	eae	ea
Gen.	eius	eius	eius	eorum	earum	eorum
Dat.	ei	ei	ei	eis (iis)	eis (iis)	eis (iis)
Akk.	eum	eam	id	eos	eas	ea
Abl.	eo	ea	eo	eis (iis)	eis (iis)	eis (iis)

b eam legem – dieses Gesetz; is fur – dieser Dieb; earum orationum – dieser Reden; ex eis regionibus – aus diesen Gebieten; id munus – dieses Geschenk; in ea manu – in dieser Hand; ei virgini – dieser jungen Frau; ea nocte – in dieser Nacht; eius regis causa – wegen dieses Königs; de eo libro – über dieses Buch; eum pontem – diese Brücke; eos liberos – diese Kinder; ea crimina – diese Verbrechen

S. 41

c eadem aetate – in demselben Alter; eandem curam – dieselbe Sorge; eadem iura – dieselben Gesetze; eidem sorti – demselben Schicksal; eisdem diebus – an denselben Tagen

d 1. ***Easdem*** res cupit. – Er wünscht dieselben Dinge. / 2. In **eadem** urbe vivit. – Er lebt in derselben Stadt. / 3. In **eandem** insulam navigavit. – Er segelte auf dieselbe Insel. / 4. **Eadem** pericula subiit. – Er nahm dieselben Gefahren auf sich. / 5. **Eodem** die natus est. – Er ist am selben Tag geboren. / 6. **Eosdem** deos et **easdem** deas colit. – Er verehrt dieselben Götter und dieselben Göttinnen. / 7. **Eundem** librum iterum atque iterum legit. – Er liest dasselbe Buch immer wieder. / 8. **Idem** scelus fecerunt. – Sie haben dasselbe Verbrechen begangen. / 9. Ab **eodem** iudice damnatus est. – Er ist von demselben Richter verurteilt worden.

S. 42 ★N2

a

	Singular			Plural		
Nom.	qui	quae	quod	qui	quae	quae
Gen.	cuius	cuius	cuius	quorum	quarum	quorum
Dat.	cui	cui	cui	quibus	quibus	quibus
Akk.	quem	quam	quod	quos	quas	quae
Abl.	quo	qua	quo	quibus	quibus	quibus

b 1. Aliquid (Akk. Sg.) omisisti. – Du hast (irgend)etwas außer Acht gelassen. / 2. Aliqua praecepta (Nom. Pl.) nobis data sunt. – Irgendwelche Vorschriften sind uns gemacht/gegeben worden. / 3. Ab aliquibus viris (Abl. Pl.) decepti sumus. – Wir sind von irgendwelchen Männern getäuscht worden. / 4. Aliqui deus (Nom. Sg.) me servet! – Irgendein Gott wird mich retten! / 5. In itinere ad aliquod oppidum (Akk. Sg.) venimus. – Auf der Reise sind wir zu (irgend)einer Stadt gekommen. / 6. Scelere alicuius hominis (Gen. Sg.) cives magno in periculo fuerunt. – Durch das Verbrechen (irgend)eines Menschen sind die Bürger in großer Gefahr gewesen. / 7. Amicus aliqua re (Abl. Sg.) occupatus est. – Mein Freund ist mit irgendeiner Sache beschäftigt. / 8. Stultum est alicui (Dat. Sg.) fidem habere. – Es ist dumm, irgendjemandem zu vertrauen. / 9. Praemio alicui (Dat. Sg.) studebat. – Er bemühte sich um (irgend)eine Belohnung.

Übersetzen mit Strategie – Text übersetzen

S. 44 Ü3

1. TIPP: Das genaue Durchlesen des Textes bis zum Ende ist wichtig, weil du dadurch einen ersten Eindruck vom Inhalt des Textes bekommst.

2. **Personen:** Hercules, Iuppiter (Gen. Iovis), Cacus, Vulcanus.
Handelnde Personen sind nur Hercules (Subjekt z. B. in Z. 7, 9, 13) und Cacus (Subjekt z. B. in Z. 3 und in den folgenden Sätzen, durch das Pronomen ille und durch das Person-Zeichen in den Prädikaten appropinquavit, vidisset, constituit, perficeret, adhibuit, traxit). – Die Götter Iuppiter und Vulcanus werden nur je ein Mal genannt, Iuppiter als Vater des Hercules, Vulcanus als Vater des Cacus.
Orte der Handlung: ad Tiberim (Z. 2), in eis locis (Z. 3) – Hercules kam zum Tiber. In dieser Gegend / Dort …
Schlüsselwörter: bos (Z. 5, 6, 7, 9, 10, 15), spelunca (Z. 7, 8, 11, 12, 13), rapere (Z. 5), dolum (Z. 6), dormire (Z. 4), somno excitatus (Z. 9)
Thema: In der Geschichte spielen Rinder und eine Höhle eine große Rolle. Vermutlich wurden Rinder von Cacus geraubt und in einer Höhle versteckt, während der Besitzer (Hercules) schlief.

3./4. Die handelnden Personen, das jeweilige Subjekt, sind im Folgenden rot markiert.
Alle Verbformen sind einfach unterstrichen, die Prädikate doppelt; der Zusatz HS und GS zeigt, ob es sich um ein Prädikat des Hauptsatzes oder des Gliedsatzes handelt.
Die Einleitung eines Gliedsatzes ist umrahmt.
Um AcI und Partizip-Konstruktionen Abl. abs und PC sind die Klammern gesetzt.

In eis locis Cacus HSvixit, monstrum ingentibus viribus corporis,

[cui] pater Vulcanus GSerat.

Abl.abs. [Hercule dormiente] ille HSappropinquavit.

[Cum] boves pulchros GSvidisset, eos rapere HSconstituit.

Quod [ut] GSperficeret, dolum HSadhibuit:

Nonnullos boves cauda in speluncam suam HStraxit, [ut] Hercules PC[boves amissos quaerens] GSputaret ACI[eos e spelunca exisse, non inisse.]

Hercules PC[e somno excitatus] statim HSvidit ACI[nonnullos boves abesse] et HSdiscessit, [ut] eos GSquaereret.

Sed boves PC[in spelunca inclusos] non HSinvenisset, [nisi] ii, [cum] ACI[dominum prope speluncam esse] GSsentirent, GSmugivissent.

S.48

★ N2

a

Nom.	Singular			Plural		
Nom.	qui	quae	quod	qui	quae	quae
Gen.	cuius	cuius	cuius	quorum	quarum	quorum
Dat.	cui	cui	cui	quibus	quibus	quibus
Akk.	quem	quam	quod	quos	quas	quae
Abl.	quo	qua	quo	quibus	quibus	quibus

b virum quendam – einen gewissen Mann; patronos quosdam – gewisse Anwälte; quadam hora – zu einer bestimmten Stunde; rex quidam – ein (gewisser/bestimmter) König; de quibusdam rebus – über gewisse Dinge; famam quandam – ein bestimmtes Gerücht / einen gewissen Ruf; comites quidam – einige (gewisse) Begleiter; scelus quoddam: ein bestimmtes Verbrechen

c 1. Patri meo erant quidam libri, quos iterum atque iterum legit. – Mein Vater hatte einige Bücher, die er immer wieder las.
2. Imperatori nuntiatum est quosdam milites e pugna decessisse et in castra se recepisse. – Dem Feldherrn wurde gemeldet, dass bestimmte/einige Soldaten vom Kampf weggegangen seien und sich in das Lager zurückgezogen hätten.
3. Quibusdam saeculis praeteritis cunctos homines malis rebus carentes vitam beatam egisse maiores narrant. – Die Vorfahren erzählen, dass vor einigen (bestimmten) Jahrhunderten alle Menschen ein glückliches Leben geführt hätten, weil sie keine Übel kannten (hatten).

Lektion 40 (1a)

S.50

V1

a

	Infinitiv Präsens		Infinitiv Präsens
munita sunt	munire	stabat	stare
ducor	ducere	crediderant	credere
fuit	esse	factum erat	facere
laesus es	laedere	vult	velle
pulsi sumus	pellere	abeunt	abire

b Infinitiv Perfekt: interrogavisse – ruptum esse – mandatos esse – fuisse – dimissas esse – dedisse – condidisse
Infinitiv Präsens: trahi – invitare – necari – amari – abire – interesse – mitti – appellari
Infinitiv Futur: relaturos esse – moturi esse – transiturum esse – inventurum esse – factura esse

c

Infinitiv	Präsens Akt./Pass.	Perfekt Akt./Pass.	Fut. Akt.
Zeitverhältnis	gleichzeitig	vorzeitig	nachzeitig

d

Präsens Aktiv	Präsens Passiv	Perfekt Aktiv	Perfekt Passiv	Futur Aktiv
superare	superari	superavisse	superatum esse	superaturum esse
vincere	vinci	vicisse	victum esse	victurum esse
capere	capi	cepisse	captum esse	capturum esse
videre	videri	vidisse	visum esse	visurum esse
agere	agi	egisse	actum esse	acturum esse

*e

Deponentien		
Präsens	Perfekt	Futur
arbitrari	arbitratum esse	arbitraturum esse
aggredi	aggressum esse	aggressurum esse
sequi	secutum esse	secuturum esse

Abl. abs. [Vocibus eorum auditis] Hercules speluncam HSpetivit.
Abl. abs. [Caco monstro acriter pugnante] Hercules victor HSdiscessit et Abl. abs. [fure interfecto] boves suos HSreduxit.

Übersetzung: Herkules und Cacus
Die Schriftsteller der Römer haben überliefert, dass Herkules, der Sohn des Jupiter, mit einer Herde von Rindern zum Tiber gekommen sei und sich dort ausgeruht habe. In dieser Gegend lebte Cacus, ein Ungeheuer mit riesigen Körperkräften, dessen Vater Vulcanus war ("dem Vulkan der Vater war").
Während Herkules schlief, näherte sich jener. Als er die schönen Rinder sah, beschloss er sie zu rauben. Um dies durchzuführen, wandte er eine List an: Er zog einige Rinder am Schwanz in seine Höhle, sodass Herkules, wenn er die verlorenen Rinder sucht, glaubt, dass sie aus der Höhle hinausgegangen, nicht hineingegangen seien. Herkules sah, als er aus dem Schlaf aufgewacht war, sofort, dass einige Rinder fehlten, und er ging los, um sie zu suchen. Aber er hätte die in der Höhle eingeschlossenen Rinder nicht gefunden, wenn sie nicht, als sie merkten, dass ihr Herr in der Nähe der Höhle war, gebrüllt hätten. Als ihre Stimmen gehört wurden – Als er ihre Stimmen gehört hatte, ging Herkules sofort zur Höhle. Obwohl Cacus, das Ungeheuer, heftig kämpfte, ging Herkules als Sieger davon und führte, nachdem der Dieb getötet worden war / nachdem er den Dieb getötet hatte, seine Rinder zurück.

Lektion 39

S.46

N1

a

	Singular			Plural		
Nom.	ipse	ipsa	ipsum	ipsi	ipsae	ipsa
Gen.	ipsius	ipsius	ipsius	ipsorum	ipsarum	ipsorum
Dat.	ipsi	ipsi	ipsi	ipsis	ipsis	ipsis
Akk.	ipsum	ipsam	ipsum	ipsos	ipsas	ipsa
Abl.	ipso	ipsa	ipso	ipsis	ipsis	ipsis

b pastorem ipsum – den Hirten persönlich/selbst; in ipso sermone – in genau der Rede; nationes ipsae – die Völker selbst; praecepta ipsa – genau diese Vorschriften; ex ipsis regionibus – aus genau/eben diesen Gebieten; maiorum ipsorum – der Vorfahren persönlich/selbst; crimen ipsum – genau das Verbrechen; iuveni ipsi – dem jungen Mann selbst/persönlich; regis ipsius – des Königs selbst; mulierem ipsam – die Frau selbst/persönlich; amicos ipsos – die Freunde selbst/persönlich; scelera ipsa – genau/eben die Verbrechen

S.47

c 1. Imperator milites in castra reduxit. Ipse ducem hostium convenit, ut de pace ageret. – Der Feldherr führte die Soldaten ins Lager zurück. Er selbst traf den Anführer der Feinde, um über Frieden zu verhandeln.
2. Quarto anni mense urbem Romam conditam esse legimus. Nonne eo ipso mense Caesar interfectus est? – Wir lesen, dass im vierten Monat des Jahres die Stadt Rom gegründet worden ist. Ist Caesar (denn) nicht in demselben Monat getötet worden?
3. Seneca philosophus neminem ad servitutem natum esse scribit. Id ipsum etiam alii saepe dixerunt. – Der Philosoph Seneca schreibt, dass niemand zur Sklaverei geboren sei. Genau/Eben das(selbe) haben andere auch oft gesagt.
4. Patronus orationem rei defendendi causa habere incipit. Reus autem eum tacere iubet, nam se ipse defendere vult. – Der Anwalt beginnt eine Rede zu halten, um den Angeklagten zu verteidigen. Der Angeklagte befiehlt ihm aber zu schweigen, denn er will sich selbst verteidigen.
5. Quamquam praesidia in moenibus posita erant, milites hostium ad ipsos muros urbis successerunt. – Obwohl Schutzmannschaften auf den Mauern aufgestellt worden waren, rückten die Soldaten der Feinde sogar bis zu den Mauern der Stadt vor.
6. Didonem reginam per se ipsam de vita decessisse in opere a Vergilio scripto legimus. – Wir lesen in einem von Vergil geschriebenen Werk, dass die Königin Dido von selbst / durch eigene Hand aus dem Leben gegangen ist.

Lektion 40 (1b)

S.52 **S1**

TIPP: Die Entscheidung, ob es sich bei dem Infinitiv um ein Subjekt/Objekt handelt oder ob er Bestandteil eines AcI / *NcI ist, ist wichtig für die Übersetzung. Bei „AcI-Verben" wie dicere oder sperare kann man mit hoher Wahrscheinlichkeit von einem AcI ausgehen, beim Passiv von dicere von einem NcI.

	Subj./Obj	AcI	*NcI
1. Nautae piratas navem invadere viderunt.		x	
2. Nautae navem defendere studebant.	x		
3. Piratae homines abducere dicuntur.			x
4. Nautae navem a militibus defendi sperabant.		x	

(Übersetzung: 1. Die Seeleute sahen, dass die Piraten das Schiff angriffen. / 2. Die Seeleute versuchten das Schiff zu verteidigen. / 3. Man sagt, dass die Piraten Menschen entführen. / Die Piraten sollen Menschen entführen. / 4. Die Seeleute hofften, dass das Schiff von den Soldaten verteidigt wird.)

 S2

a Das sind die „AcI-Verben": scribere – scire – sentire – promittere – narrare – comperire – credere – nescire – ostendere – intellegere – nuntiare

b/c „Spur 1" Prädikatsinfinitiv   „Spur 2" Subjektsakkusativ   „Spur 3" AcI-Verb"

1. Senatores [cives Romanos a piratis **captos esse** *Perf. Pass.*] cognoverunt.
2. Statim consul [exercitum contra piratas **mitti** *Präs. Pass.*] confirmavit.
3. Senatores [milites cives e manibus piratarum **liberaturos esse** *Fut. Akt.*] sperabant.
4. Piratis nuntiatum est [exercitum a senatu Romanorum **missum esse** *Perf. Pass.*].

Übersetzung:
1. Die Senatoren erfuhren, dass römische Bürger von Piraten gefangen worden waren.
2. Sofort versicherte der Konsul, dass das Heer gegen die Piraten geschickt werde.
3. Die Senatoren hofften, dass die Soldaten die Bürger aus den Händen der Piraten befreien werden.
4. Den Piraten wurde gemeldet, dass das Heer vom Senat der Römer geschickt worden sei.

d 1. se (reflexives Personal-Pronomen) bezieht sich auf consul, das übergeordnete Subjekt. →
Der Konsul verspricht, dass er die Piraten angreifen werde.
2. eum (nicht-reflexives Personal-Pronomen) bezieht sich auf consul aus dem Satz zuvor. →
Die Bürger hoffen, dass er die Piraten vertreiben werde.
3. se (reflexives Personal-Pronomen) bezieht sich auf cives, das übergeordnete Subjekt. →
Die Bürger erzählen, dass sie vom Konsul befreit worden sind.

Lektion 40 (2a)

S.54 **V1**

a

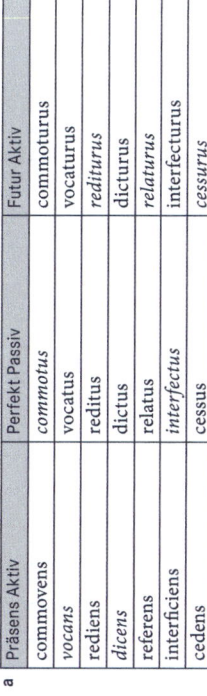

Präsens Aktiv	Perfekt Passiv	Futur Aktiv
commovens	commotus	commoturus
vocans	vocatus	vocaturus
rediens	reditus	rediturus
dicens	dictus	dicturus
referens	relatus	relaturus
interficiens	interfectus	interfecturus
cedens	cessus	cessurus

b TIPP: Überlege genau die Lernform – nur von einem Verb kann ein Partizip gebildet sein. Die Partizipien sind (in Klammern: der Infinitiv): 1. additus (addere); 2. legentis (legere); 3. flentem (flere); 4. missis (mittere); 5. commoti (commovere); 6. dedituras (dedere); 7. portato (portare); 8. tangentes (tangere)

c

Partizip	Präsens Aktiv	Perfekt Passiv	Futur Aktiv
Zeitverhältnis	gleichzeitig	vorzeitig	nachzeitig

d rogans – fragend, rogatus – gefragt / defendens – verteidigend, defensus – verteidigt / promittens – versprechend, promissus – versprochen / trahens – ziehend, tractus – gezogen

Lektion 40 (2b)

S.56 **S1**

De Arione et delphino

1. Arion, iuvenis propter artem canendi ab omnibus hominibus amatus^ATT, Corinthum, patriam suam, reliquit et Italiam petivit. 2. Ibi ab hospitibus familiariter receptus^PC post nonnullos annos in Graeciam redire constituit. 3. Nave inventa^ABL Arion Italiam reliquit et omnem pecuniam arte sua paratam^ATT secum ferebat. 4. Sed in alto mari nautae cupiditate pecuniae moti^PC iuvenem oppresserunt. 5. Is se eis omnem pecuniam daturum^V esse promisit et omni spe vitae deposita^ABL dixit: 6. „Vos me interfecturos^V esse scio. Itaque vos oro, ut carmen canere mihi liceat." 7. Id nautae verba iuvenis ridentes^ATT concesserunt. 8. Tum Arion carmen pulcherrimum cecinit – et subito cantans^ATT in mare se praecipitavit. 9. Sed Arion non perisse, sed a delphino receptus^V et servatus^V esse fertur. 10. Delphinus iuvenem in tergo suo sedentem^ATT carminaque canentem^ATT ad portum portavit. 11. Hac re mira audita^ABL cives Corinthi simulacrum delphini statuere constituerunt.

 S2

1. Arion, ein junger Mann, der wegen seiner Kunst zu singen von allen Menschen geliebt wurde, verließ Korinth, seine Heimat, und brach nach Italien auf. 2. Obwohl er dort von Gastgebern freundlich aufgenommen worden war, beschloss er nach einigen Jahren, nach Griechenland zurückzukehren. 3. Als er ein Schiff gefunden hatte, verließ Arion Italien und nahm/trug all sein Geld, das er durch seine Kunst erworben hatte, mit sich. 4. Doch auf hoher See bedrängten die Seemänner, von Geldgier veranlasst, den jungen Mann. 5. Er versprach, dass er ihnen alles Geld geben werde, und sagte, nachdem er jede Lebenshoffnung aufgegeben hatte: 6. „Ich weiß, dass ihr mich töten werdet. Deshalb bitte ich euch, dass ich ein Lied singen darf." Das erlaubten die Seemänner und lachten dabei über die Worte des jungen Mannes. 8. Dann sang Arion ein sehr schönes Lied – und stürzte sich plötzlich mitten im Singen kopfüber ins Meer. 9. Aber es wird berichtet, dass Arion nicht umgekommen ist, sondern dass er von einem Delfin aufgenommen und gerettet wurde. 10. Der Delfin brachte den jungen Mann in den Hafen, wobei (dies)er auf seinem Rücken saß und Lieder sang. 11. Als die Korinther diese wunderbare Geschichte gehört hatten, beschlossen sie, die Statue eines Delfins zu errichten.

Lektion 40 (3)

S.59 **V1**

a 1 Das Gerundium ist der substantivierte, deklinierte Infinitiv. Das Gerundivum ist ein vom Verb gebildetes Adjektiv. Beide haben das Kennzeichen **-nd-**.
Das Gerundium hat die Kasus-Zeichen der o-**Dekl. Sg.** Das Gerundivum hat die Kasus-Zeichen der **Adjektive** der a-/o-Dekl.
Das Gerundium kommt nicht im Plural vor, sondern nur im **Singular.** Das Gerundivum kommt in allen **Kasus** in Sg. und Pl. und in allen drei **Genera** vor.
Das Gerundium kann ein **Objekt** oder ein **Adverbiale** bei sich haben.
Das Gerundivum steht mit einem Substantiv in **KNG-Kongruenz.**

Übersetzung: <u>muss</u> dieser Tempel mit großer Sorgfalt von den Wächtern <u>bewacht werden</u> / müssen die Wächter diesen Tempel mit großer Sorgfalt bewachen (custodibus = Dativus auctoris – die Person, die etwas tun muss)

..., nam regina nullo modo perturbanda est.
Überlegungen: perturbanda est → nd + verneintes esse (est: 3. Sg.; Subjekt: regina; perturbanda bildet zusammen mit est das Prädikat) → Gerundivum-N
Übersetzung: denn die Königin darf auf keine Weise / auf keinen Fall gestört werden.

Übersetzung des ganzen Satzes: Sobald die Königin den Tempel betreten hat, um zu den Göttern zu beten, müssen die Wächter diesen Tempel mit großer Sorgfalt bewachen, denn die Königin darf auf keinen Fall gestört werden.

6. Estisne parati [ad officia praestanda]?
Überlegungen: → kein esse + nd (estis = 2. Pl., gehört nicht zu explenda) → kein Gerundivum-N
1 praestanda gehört zu ad officia → Klammer setzen
2 alles außerhalb der Klammer übersetzen: → Seid ihr bereit ...?
3 ad officia praestanda: ad + Akk. → um eure Pflichten/Aufgaben zu leisten
Übersetzung: Seid ihr bereit, eure Aufgaben <u>zu leisten</u>?

7. Nunc tempus [abeundi] est.
→ kein esse + nd (est = 3. Sg., gehört nicht zu abeundi) → kein Gerundivum-N
1. abeundi ist abhängig von tempus → Klammer setzen
2. alles außerhalb der Klammer übersetzen: → Nun ist es Zeit.
3 abeundi: Genitiv: → des Weggehens, wegzugehen
Übersetzung: Nun ist es Zeit <u>wegzugehen</u>.

Übersetzen mit Strategie – Text übersetzen

S. 61
Ü4

2. Personen: mulier, Tarquinius Superbus rex
Schlüsselwörter: libros sanctissimos (Z. 4), pretium/pecunia (Z. 5, 8, 12, 14), rogare/ interrogare (Z. 2, 5, 7, 11), poscere (Z. 5), postulare (Z. 14), novem – tres – tres, flammis dare (Z. 7, 10–11), vendere (Z. 4) – emere (Z. 8, 12, 13)
Thema: Eine Frau hat heilige Bücher und will sie dem König Tarquinius Superbus verkaufen. Die Bücher werden weniger (vermutlich durch Feuer), am Ende kauft Tarquinius die Bücher.

3. Satz 1: mulier venit [... ferens] / Satz 2: [weiterhin mulier] dixit [se ... vendere velle] / Satz 3: Tarquinius rogavit, mulier poposcit / Satz 4: rex negavit, mulier sumpsit et dedit / Satz 5: [weiterhin mulier] interrogavit / Satz 6: Tarquinius [credens ...] risit / Satz 7: mulier dedit et rursus interrogavit / Satz 8: Tarquinius paratus erat et iussit / Satz 9: mulier abiit

4. Übersetzung:
Eines Tages kam eine Frau, die niemand jemals vorher gesehen hatte, zum König Tarquinius Superbus und trug neun Bücher mit sich. Sie sagte, dass Weissagungen der Götter in diesen Büchern aufgeschrieben seien und dass sie diese sehr heiligen Bücher verkaufen wolle. Als Tarquinius nach dem Preis fragte, forderte die Frau einen großen Preis.
Als der König, über die Worte der Frau lachend, abgelehnt hatte, nahm die Frau drei Bücher und warf sie ins Feuer. Dann fragte sie den König, ob er die übrigen sechs Bücher für denselben Preis kaufen wolle. Doch der König lachte noch viel mehr, weil er glaubte, die Frau sei im Geiste verwirrt. Sofort warf die Frau weitere drei Bücher ins Feuer und fragte erneut den König, ob er nicht doch die übrigen drei Bücher für denselben Preis kaufen wolle.
Tarquinius war dadurch erschreckt und nun bereit die Bücher zu kaufen, und er befahl, der Frau das geforderte Geld zu geben. Nachdem sie das Geld erhalten hatte, ging die Frau weg und wurde später nie wieder gesehen.

S. 62

---

2 Beide werden verwendet zum Ausdruck eines Vorgangs.
ars aedificandi heißt: die Kunst **des Bauens**, die Kunst **zu bauen.**
aedificandi ist hier das **Gerundium.**
ars urbem aedificandi heißt: die Kunst **des Bauens** einer Stadt, die Kunst, eine Stadt **zu bauen.**
aedificandi ist auch hier das **Gerundium.**
ars urbis aedificandae heißt: die Kunst **des Bauens** einer Stadt, die Kunst, eine Stadt **zu bauen.**
aedificandae ist hier das **Gerundivum.**
Das Gerundivum wird zusätzlich verwendet zum Ausdruck einer **Notwendigkeit.** Das Gerundivum ist dann ein **Prädikatsnomen** und steht zusammen mit einer Form von esse.
Der Satz Urbs aedificanda est. heißt: Die Stadt **muss gebaut werden.**

b Gerundium
Gen.: servandi, *legendi*
Akk.: ad servandum, legendum
Abl.: servando, legendo

Gerundivum
Nom. Pl. m: servandi, legendi
Akk. Sg. f: *servandam*, legendam
Abl. Pl. n: servandis, legendis

a

	mit esse das Prädikat	im Nom., Kongruenz zu Subjekt	G-N	G-V /G
1. Haec epistula tibi statim scribenda est.	*scribenda est*	*epistula – Sg. f*	X	
2. Tempus epistulae scribendae adest.	-	-		X
3. Statim nuntii ad hostes mittendi sunt.	mittendi sunt	nuntii Pl. m	X	
4. Hoc flumen transeundum non est.	transeundum non est	flumen Sg. n	X	
5. Signum muros relinquendi datum non erat.	-	-		X

b Der Konsul sagt zu den Senatoren: ...

2. Itaque iam hodie tota urbs ornanda est.
Überlegungen: → nd + esse (est: 3. Sg.; Subjekt: urbs; ornanda bildet zusammen mit est das Prädikat) → Gerundivum-N
Übersetzung: Daher <u>muss</u> schon heute die ganze Stadt <u>geschmückt werden.</u>

3. Fortasse etiam in forum veniet [ad cives salutandos].
Überlegungen: → kein esse → kein Gerundivum-N
1 ad cives gehört zu salutandos → Klammer setzen
2 alles außerhalb der Klammer übersetzen: → Vielleicht wird sie sogar aufs Forum kommen.
3 ad cives salutandos: ad + Akk. → um die Bürger zu begrüßen
Übersetzung: Vielleicht wird sie sogar aufs Forum kommen, <u>um die Bürger zu begrüßen.</u>

4. Regina curiam intrans magna voce salutanda est.
Überlegungen: → nd + esse (est: 3. Sg.; Subjekt: regina; salutanda bildet zusammen mit est das Prädikat) → Gerundivum-N
Übersetzung: Die Königin <u>muss</u> beim Betreten der Kurie mit lauter Stimme <u>begrüßt werden.</u>

5. Ubi regina templum [deorum orandorum causa] intraverit, ...
Überlegungen: orandorum → kein esse → kein Gerundivum-N
1 orandorum gehört zu deorum: beides Genitiv und abhängig von causa → Klammer setzen
2 alles außerhalb der Klammer übersetzen: sobald die Königin den Tempel betreten hat
3 deorum orandorum causa: um zu den Göttern zu beten
Übersetzung: Sobald die Königin den Tempel betreten hat, <u>um zu den Göttern zu beten,</u> ...

..., hoc templum custodibus magna cum cura custodiendum erit, ...
Überlegungen: custodiendum erit → nd + esse (erit: 3. Sg.; Subjekt: templum; custodiendum bildet zusammen mit erit das Prädikat) → Gerundivum-N

S. 60
S1

abesse, absum, afui	abwesend sein	concedere, -cedo, -cessi, -cessum	erlauben; zugestehen; einräumen
abire, -eo, -ii	(weg)gehen		
accipere, -io, -cepi, -ceptum	annehmen	condere, -o, condidi, conditum	gründen
acer, acris, acre	heftig	confidere, -o, -fisus sum ★	vertrauen
adesse, adsum, adfui/affui	anwesend sein; helfen	confirmare	bekräftigen; ermutigen
adhibere	anwenden	consilium	Rat(schlag); Plan; Absicht
admirari, -miror, -miratus sum ★	bewundern	constituere, -o, -stitui, -stitutum	beschließen; festsetzen
aedificare	bauen	contemplari, -templor, -templatus sum ★	betrachten
aequus, -a, -um	gleich; angemessen		
aetas, -tatis f	Alter; Zeitalter	convenire, -io, -veni, -ventum	zusammenkommen
afferre, -o, attuli, allatum	(herbei)bringen; melden		
aliquando	irgendwann (einmal); einst	credere, -o, credidi, creditum	glauben
alius, -a, -ud	ein anderer		
altus, -a, -um	hoch; tief	crimen, criminis n	Vorwurf; Verbrechen
amittere, -o, -misi, -missum	verlieren	cupiditas, -tatis f	Wunsch; Verlangen
		cura	Sorge; Sorgfalt
animus	Herz; Sinn; Mut	custos, custodis m/f	Wächter(in); Wache
arma, -orum n Pl.	Waffen	damnare	verurteilen
ars, artis f	Kunst	dare, do, dedi, datum	geben
asper, -era, -erum	hart; grob	decedere, -o, -cessi, -cessum	weggehen
atque	und; und auch		
auctor, auctoris m	(Be-)Gründer; Anstifter; Verfasser	decipere, -io, -cepi, -ceptum	täuschen
audere, -eo, ausus sum ★	wagen	deducere, -o, -duxi, -ductum	ab/wegführen
beatus, -a, -um	glücklich; reich		
beneficium	Wohltat	defendere, -o, -fendi, -fensum	verteidigen; abwehren
brevis, -is, -e	kurz		
canere, -o, cecini	(be)singen	delectare	erfreuen
capere, -io, cepi, captum	(ein)nehmen; erobern; (er)fassen	deponere, -o, -posui, -positum	niederlegen; aufgeben
carere	frei sein; nicht haben	deserere, -o, -ui, -sertum	im Stich lassen; verlassen
carmen, carminis n	Gedicht; Lied	desinere, -o, desii, desitum	aufhören
castra, -orum n Pl.	Lager	dies, diei m	Tag
causa (+ Gen.; nachgestellt)	wegen; um … zu	diligens, diligentis	sorgfältig
cedere, -o, cessi, cessum	(weg/aus)gehen; nachgeben	discedere, -o, -cessi, -cessum	weggehen; verschwinden
celebrare	rühmen; feiern		
celer, celeris, celere	schnell	discere, -o, didici	lernen
certare	streiten	dolus	List
circumdare	umgeben; umzingeln	domus, -us f / domi	Haus / zu Hause
civis, civis m/f	Bürger(in); Mitbürger(in)	dubitare	zögern; zweifeln
clades, cladis f	Niederlage; Verlust	dulcis, -is, -e	süß; angenehm
clarus, -a, -um	hell; klar; berühmt	egregius, -a, -um	hervorragend
claudere, claudo, clausi, clausum	(ab/ein)schließen	emere, -o, emi, emptum	kaufen
		excitare	(auf)wecken; ermuntern
cognoscere, -o, -novi, -nitum	erfahren; erkennen; kennenlernen	exercitus, -us m	Heer
		existimare	meinen; schätzen
colere, -o, colui, cultum	pflegen; bebauen; verehren	experiri, -perior, -pertus sum ★	versuchen
comes, comitis m/f	Begleiter/in	explanare	erklären
conari, conor, conatus sum ★	versuchen	expugnare	erobern; erstürmen
		exspectare	warten (auf)

facilis, -is, -e	leicht	mensis, -is m	Monat
fama	Gerücht; Ruf	miles, militis m	Soldat
familiaris, -is, -e	vertraut; freundschaftlich	mirus, -a, -um	wunderbar; erstaunlich
felix, felicis	glücklich	moenia, -ium n Pl.	(Stadt-)Mauer
ferre, -o, tuli, latum	bringen; (er)tragen	mons, montis m	Berg
fides, fidei f	Vertrauen; Treue	mors, mortis f	Tod
fieri, fio, factus sum ★	geschehen; werden; gemacht werden	mulier, -eris f	Frau
		munus, muneris n	Amt; Aufgabe; Geschenk
finire	(be)enden	narrare	erzählen
fortasse	vielleicht	natio, -onis f	Volk
fortis, -is, -e	tapfer; kräftig	natus, -a, -um	geboren
fugere, -io, fugi	fliehen	negare	ablehnen; sagen (, dass nicht …
gaudere, -eo, gavisus sum ★	sich freuen	neglegere, -o, -lexi, -lectum	nicht (be)achten
gerere, -o, gessi, gestum	(aus)führen; tragen	nolle, nolo, nolui	nicht wollen
gravis, -is, -e	schwer; ernst	nonne	denn nicht?; etwa nicht?
honor, honoris m	Ehre(namt)	nonnulli, -ae, -a	einige; manche
hortari, hortor, hortatus sum ★	auffordern; ermuntern	nos	wir/uns
		novem	neun
hospes, hospitis m	Gast; Gastgeber	nox, noctis f	Nacht
hostis, hostis m	Feind	obsidere, obsideo, obsedi, obsessum	belagern; bedrängen
incipere, -io, coepi, coeptum	anfangen	occupatus, -a, -um	beschäftigt
inire, -eo, -ii, -itum	(hin)eingehen; beginnen	omittere, -o, -misi, -missum	außer Acht lassen
iniuria	Unrecht; Ungerechtigkeit		
innocens, -ntis	unschuldig	omnis, -is, -e	jeder; ganz; alle
intellegere, -o, -lexi, -lectum	verstehen; erkennen; einsehen	oppidum	Stadt
interficere, -io, -feci, -fectum	töten	opprimere, -o, -pressi, -pressum	überfallen; unterdrücken
invenire	(er)finden	oppugnare	angreifen; belagern
iratus, -a, -um	zornig; wütend	opus, operis n	Werk
iter, itineris n	Weg; Reise	orare	beten; bitten
iterum	wieder	orator, -oris m	Redner
iubere, -eo, iussi, iussum	befehlen; beauftragen	ornare	schmücken
iudex, iudicis m	Richter	parare	(vor/zu)bereiten; vorhaben
ius, iuris n	Recht	parere, -io, peperi, partum	erwerben; hervorbringen
iuvenis, -is m	junger Mann	pars, partis f	Teil; Seite; Richtung
labor, laboris m	Arbeit; Anstrengung	pastor, -oris m	Hirte
laborare	arbeiten; sich anstrengen	pati, patior, passus sum ★	(er)leiden; zulassen
lectus	Bett	paulo	(ein) wenig
lex, legis f	Gesetz	pax, pacis f	Friede
liber, -bri m	Buch	pecunia	Geld
liberare	befreien	pellere, -o, pepuli, pulsum	schlagen; stoßen; vertreiben
libertas, -tatis f	Freiheit	perferre, -o, -tuli, -latum	ertragen; (über)bringen
licet	es ist möglich; es ist erlaubt; jmd. darf	perficere, -io, -feci, -fectum	ausführen; vollenden
		perire, -eo, -ii	zugrunde gehen
loqui, loquor, locutus sum ★	reden; sprechen	perterrere	heftig erschrecken
magis	mehr	perturbare	verwirren; beunruhigen
maiores, -um m Pl.	Vorfahren	petere, -o, petivi, petitum	bitten; angreifen; aufsuchen
malum	Übel; Leid; Unglück	poena	Strafe
mandatum	Auftrag	ponere, -o, posui, positum	setzen; stellen; legen
manere, -eo, mansi	bleiben	pons, pontis m	Brücke
manus, -us f	Hand; Schar	portare	tragen; bringen
		poscere, -o, poposci	fordern